머리에
쏙쏙!
일등 **속담**

머리에 쏙쏙! ^{일등} 속담

2015년 7월 23일 초판 1쇄 펴냄 · 2019년 10월 1일 초판 4쇄 펴냄

펴낸곳 | (주)꿈소담이
펴낸이 | 김숙희
글 | 안선모
그림 | 김경찬
디자인 | design86

주소 | (우)02835 서울특별시 성북구 성북로 66 성북동빌딩 3층 302호
전화 | 747-8970
팩스 | 747-3238
등록번호 | 제6-473호(2002. 9. 3)

홈페이지 | www.dreamsodam.co.kr
북 카 페 | cafe.naver.com/sodambooks
전자우편 | isodam@dreamsodam.co.kr

ISBN 978-89-5689-980-0　64710
ISBN 978-89-5689-724-0　(세트)

머리에 쏙쏙! 일등 속담

안선모 글 | 김경찬 그림

소담 주니어

지혜와 교훈이 가득 들어 있는 속담!

'속담'이라는 말을 사전에서 찾아보면 이렇게 쓰여 있어요.

'오랜 세월을 거쳐 삶에서 얻은 경험과 교훈이나 어떠한 가치에 대한 견해를 간결하고도 형상적인 언어 형식으로 표현한 말'. 좀 더 쉽게 해석하자면 '살아가는 데 필요한 교훈을 짧고 실감 나게 표현해 놓은 말'이라고 할 수 있어요.

속담은 언제부터 있었던 것일까요? 옛 문헌에 나타난 최초의 속담은 『삼국유사』 제5권에 나오는 '내 일 바빠 한댁 방아를 서두른다'라는 속담이에요. 이것으로 보아 우리나라에서 속담은 삼국 시대부터 쓰였다는 것을 알 수 있어요. 그만큼 오래도록 사람들의 입을 오르내렸던 것으로 보아 속담은 무척 인기가 많았던 것 같아요.

그렇다면 속담은 어른들만 사용하는 걸까요? 아니요, 그렇지 않아요. 어린이 여러분도 글을 쓸 때나 대화를 할 때 속담을 적절히 사용하면 전하려고 하는 뜻을 쉽고 정확하게 전할 수 있답니다. 속담을 적절히 사용하면 천 마디 설명보다 더 큰 효과를 거둘 수 있다는 뜻이에요.

이 책은 어린이들이 속담을 좀 더 쉽고 유용하게 사용할 수 있도록 생활 속에서 많이 사용하는 속담을 크게 10개의 주제로 나누었어요.

자만하지 말라는 교훈, 꾸준한 노력의 중요성, 리더십, 우리 사회의 다양한 모습들, 계획과 실천의 중요성, 지혜로운 생각, 행복한 대인 관계, 행운과 희망 등에 관한 속담들과 거짓말과 나쁜 습관, 지나친 욕심을 경계하는 속담들이지요.

　위의 속담들은 우리가 살아감에 있어서 어떻게 행동하면 잘 살 수 있는지, 어떻게 하면 행복하게 살 수 있고 내가 하고자 하는 분야에서 최고가 될 수 있는지 등을 흥미진진한 이야기를 통해 재미있고 유익하게 들려주고 있어요. 어린 시절부터 읽고 또 읽어 마음속에 깊이 새겨 놓으면 참 좋은 속담들이지요.

　이 책 속에 나오는 속담들과 아주 친해져 자연스레 사용할 줄 알게 되면 글쓰기에도 자신감이 붙고 다른 사람과의 대화나 토론에서도 술술 자신의 의견과 생각을 내놓을 수 있을 거예요.

어린이 여러분, 준비됐나요?
이제부터 속담 속에 들어 있는 지혜와 교훈을 찾으러 떠나 볼까요?

안선모

차례

02. 꾸준한 노력의 중요성을 알려 주는 속담

03. 리더십을 키워 주는 속담

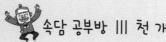

04. 우리 사회의 다양한 모습들을 보여 주는 속담

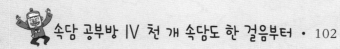

05. 계획과 실천의 중요성을 알려 주는 속담

06. 거짓말과 나쁜 습관을 경계하는 속담

07. 지나친 욕심을 경계하는 속담

08. 지혜로운 생각을 키워 주는 속담

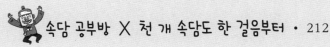

01

자만하지 말라는
교훈을 주는 속담

길고 짧은 것은 대어 보아야 안다

크고 작은 것, 길고 짧은 것은 실제로 겨루거나
겪어 보아야 알 수 있다는 말.

북풍과 태양이 서로 자기의 힘이 세다고 우기다가 말다툼을 하게 되었습니다.

"그렇다면 누가 더 센지 시합해 보자."

북풍의 말에 태양이 고개를 끄덕이며 말했습니다.

"좋은 생각이야. 그런데 무슨 시합을 하지?"

북풍은 주위를 두리번거리다가 길을 가는 나그네를 발견했습니다.

"저 나그네의 외투를 벗기는 거야. 먼저 벗기는 쪽이 이기는 거지."

"좋아."

태양의 대답을 듣자마자 북풍은 바람을 잔뜩 몰고 왔습니다.

"살짝 입김을 불어 저 나그네의 외투를 벗길 테니 잘 봐!"

북풍은 자신 있다는 듯 바람을 보냈습니다. 하지만 나그네는 외투의 단추를
꼭꼭 여몄습니다. 북풍이 세차게 입김을 불자, 나그네는 더욱 단단히 옷깃을
여몄습니다.

"이제는 내 차례야."

태양은 부드러운 빛을 비추었습니다. 그러자 나그네가 단단히 여미고 있던
외투의 단추를 풀었습니다. 태양은 곧 뜨거운 열기를 내뿜었습니다.

"조금 전에는 바람이 세차게 불더니 이제는 너무 덥네."

잠시 후에 나그네는 더위를 견디지 못하고 옷을 훌훌 벗었습니다.

『이솝우화』'북풍과 태양'

　자신 있게 잘할 수 있는 일이어도 지나치게 잘난 체해서는 안 됩니다. 나보다 못한 사람과의 시합일지라도 결과는 알 수 없습니다. 겸손한 마음으로 최선을 다하는 것이 중요합니다.

[비슷한 속담]
길든 짧든 대보아야 한다
사람은 겪어 보아야 알고 물은 건너 보아야 안다

뚝배기보다 장맛이 좋다

겉모양은 보잘것없으나 내용은 훨씬 훌륭하다는 뜻.

머리는 총명하고 지혜롭지만 얼굴은 못생긴 랍비가 있었습니다.

어느 날, 얼굴은 예쁘지만 생각이 얕은 공주가 랍비를 성에 초대했습니다.

"당신의 그 빛나는 지혜가 못생긴 얼굴에 들어 있다는 것이 참 놀라워요."

공주의 말을 듣고 랍비는 아무렇지 않은 듯 웃으며 물었습니다.

"공주님, 성에 있는 향기로운 술들은 어디에 담겨 있나요?"

"나무로 된 통이나 돌로 된 항아리에 들어 있지요."

"세상에! 그렇게 좋은 술들을 겨우 하찮은 나무통에 넣어 두시다니요. 금이나 은으로 된 항아리에 넣어 두면 훨씬 보기 좋을 텐데요."

공주는 시녀를 불러 술을 모두 금 항아리에 옮기게 했습니다.

그리고 며칠 후 술을 마시던 임금님이 화를 버럭 냈습니다.

"아니, 이게 뭐야? 술의 맛과 향기가 다 날아갔잖아?"

화가 난 공주는 그 랍비를 다시 성으로 불러들였습니다.

"어째서 술을 금 항아리에 담아 놓으라고 하신 거죠?"

그러자 랍비가 웃으며 대답했습니다.

"훌륭하고 값진 것이 때로는 보잘것없는 그릇에서 가장 좋아진다는 것을 공주님께 알려 드리고 싶었을 뿐입니다."

랍비의 말을 듣자 공주는 부끄러워 어쩔 줄 몰랐습니다.

『탈무드』 '못생긴 랍비와 공주'

투박하고 못생긴 뚝배기 속에 들어 있는 맛있는 된장찌개와 예쁜 그릇에 담긴 맛없는 된장찌개. 여러분이라면 어떤 것을 고를 건가요? 겉모습만 보고 함부로 판단하는 것은 어리석은 사람들이나 하는 행동입니다.

[비슷한 속담]

장독보다 장맛이 좋다

꾸러미에 단 장 들었다

('꾸러미'는 좋지 않은 겉모양을, '단 장'은 훌륭한 내용물을 뜻함.)

못된 송아지 엉덩이에 뿔이 난다

사람답지 못한 사람이 교만하게 굴거나
엇나가는 짓만 한다는 말.

어느 시골 마을에 잉거라는 소녀가 있었습니다. 잉거는 코도 오뚝하고 눈도 반짝거리는 정말로 예쁜 아이였습니다. 그런데 마음은 그와 정반대였습니다.

잉거가 예쁘다는 소문은 도시에 있는 성안까지 퍼졌고, 돈이 많은 귀족이 잉거를 하녀로 데려갔습니다. 하지만 잉거는 다른 하녀들처럼 일도 하지 않고, 마치 귀족의 딸인 것처럼 행세했습니다. 단지 예쁘다는 이유 하나만으로요.

잉거는 1년 만에 시골집에 가게 되었습니다. 가기 싫었지만 주인님이 가라고 하니 어쩔 수 없이 간 것이지요.

투덜대며 시골로 간 잉거는 고향 마을 입구에서 장작을 줍고 있는 엄마를 보았습니다. 그리고 그 길로 잽싸게 도망쳐 도시로 왔습니다.

'세상에, 저렇게 지저분한 사람이 내 엄마라니!'

또다시 1년이 지나자, 주인님은 많은 빵을 주면서 시골집에 다녀오라고 했습니다.

"잉거, 도시에서 먹는 빵을 어머니께도 맛보게 해 드리렴."

잉거는 또 할 수 없이 시골집으로 향했습니다. 마을로 들어가는 길에 잉거는 커다란 진흙탕을 만났습니다.

'내 옷을 더럽힐 수는 없지.'

잉거는 진흙탕 위로 빵을 던졌습니다. 빵으로 징검다리를 만들어 건너려는 것이었어요.

"사람들이 먹는 빵을 밟고 갈 생각을 하다니. 너는 나랑 같이 지옥으로 가야

겠구나."

그때 진흙탕 속에서 눈빛이 사나운 할머니가 나타나 말했습니다.

"싫어요! 지옥은 나하고 안 어울린다고요!"

잉거는 발버둥을 쳤지만 어느새 지옥에 와 있었습니다. 그때 어디선가 귀에 익숙한 목소리가 들려왔습니다.

"불쌍한 잉거, 우리 가여운 잉거를 어쩌면 좋아."

엄마가 매일 진흙탕에 찾아와 울고 있었던 거예요. 하지만 오래지 않아 엄마의 목소리는 더 이상 들리지 않았습니다. 그사이 돌아가시고 만 것이었어요.

이제 잉거를 위해서 울어 주거나, 예쁘다고 칭찬해 줄 사람은 아무도 없었습니다.

〈안데르센 동화〉 '빵을 밟은 소녀'

잉거는 예쁘지만 자기 생각만 하는 이기적인 아이예요. 결국 지옥에 가게 되었고 소중한 엄마까지 잃게 되었지요. 자신감이 지나치면 자만감이 되어 남들에게 손가락질을 받게 되고 벌을 받게 된답니다.

[비슷한 속담]
송아지 못된 것은 엉덩이에 뿔 난다
맛없는 국이 뜨겁기만 하다
미운 강아지 우쭐거리며 똥 싼다

벼 이삭은 익을수록 고개를 숙인다

이삭이 잘 익으면 고개를 숙이듯이, 교양이 있고
훌륭한 사람일수록 교만하지 않고 더욱 겸손하다는 뜻.

김좌명에게는 최수라는 성실한 심부름꾼이 있었습니다.

홀어머니 손에서 자란 최수는 글공부도 열심히 하고 글씨도 꽤 잘 써서 공조, 예조, 병조 판서를 두루 지낸 김좌명이 그를 기특하게 여겼습니다.

김좌명은 최수에게 아전의 직분을 맡겼습니다. 아전은 그리 높은 벼슬은 아니었지만 최수는 열심히 일을 했습니다.

그런데 어느 날, 최수의 어머니가 찾아와 눈물을 흘리며 말했습니다.

"제 아들을 파직시켜 주십시오."

"이유가 무엇인지 말해 줄 수 있겠는가? 최수는 예의도 바르고 성실한 것으로 알고 있는데."

"제 아들은 마음속에 벌써 교만이 들기 시작했습니다. 지난번에 아들이 처갓집에 갔는데 된장국이 입에 안 맞는다고 하인에게 다른 음식을 만들어 오라고 시켰다는군요. 가난해서 끼니 걱정을 하던 때를 잊고 교만을 피우니 이대로 두었다가는 사람 구실을 못할 것 같습니다."

최수의 어머니 말을 듣고 김좌명은 고개를 끄덕였습니다.

"글솜씨와 가진 재주가 매우 아깝기는 하나 사람을 만든다 생각하고 파직을 시키겠네."

최수는 파직당한 게 언짢았지만 차츰 정신을 차려 원래의 성실한 모습으로 돌아왔습니다. 그런 최수를 본 김좌명은 다른 일자리를 마련해 주었답니다.

〈우리나라 옛이야기〉 '아들을 파직시켜 달라는 어머니'

자만하지 말라는 교훈을 주는 속담 **25**

　교만과 거드름은 욕심을 불러오고, 욕심을 채우기 위해 끝내는 죄를 짓게 됩니다. 처음에 겸손했던 사람이 끝까지 겸손함을 유지하기는 쉽지 않아요. 그래도 항상 겸손의 마음을 잊지 않도록 노력해야 합니다.

[비슷한 속담]
곡식 이삭은 잘될수록 고개를 숙인다
병에 찬 물은 저어도 소리가 나지 않는다

원숭이도 나무에서 떨어진다

아무리 익숙하고 잘하는 사람이라도 간혹
실수할 때가 있다는 것을 비유적으로 알려 주는 말.

조선 시대의 발명왕 장영실은 관청에 소속된 기생의 아들로 태어났습니다. 그 때문에 어려서부터 관청의 종으로 지냈지만 손재주가 뛰어나 어떤 물건이든지 주의 깊게 관찰하고, 꼼꼼한 손재주로 기계를 잘 다루어 그 소문이 한양에까지 알려지게 되었습니다.

1423년, 세종대왕의 부름을 받은 장영실은 노예의 신분도 벗고 벼슬까지 얻어 대궐 안에서 일하게 되었습니다. 장영실은 수많은 발명품을 만들었지만 그 중에서도 가장 뛰어난 업적은 세계 최초로 빗물의 양을 조사하는 기구인 측우기를 발명한 것이었습니다.

그렇게 승승장구하던 어느 날, 장영실은 임금님의 가마를 만들게 되었습니다. 그런데 그만 큰일이 벌어진 거예요. 임금님의 가마가 부서지고 말았지요.

"장영실의 죄가 매우 크니 무거운 벌을 내려야 합니다."

큰 벌을 내려야 한다는 몇몇 신하들의 말에 장영실의 재주를 아끼는 신하들이 반발을 하였습니다.

"지난날의 업적과 공을 생각하여 가벼운 벌을 주는 것이 어떨지요."

"큰 벌을 내려야 마땅하나 그의 업적과 공을 헤아려 곤장과 벼슬을 빼앗는 것으로 끝내도록 합시다."

그리하여 장영실은 가벼운 벌을 받았고 장영실은 깊이 깨달았습니다.

'앞으로는 이 실수를 약으로 삼아 쉬운 일도 더 신중하게 살필 것이다.'

〈인물 이야기〉 '발명왕 장영실'

뚝딱뚝딱 모든 걸 만들어 내는 발명왕 장영실에게 가마를 만드는 일은 참 쉬운 일이었겠지요. 하지만 가마가 부서지고 말았습니다. 아무리 자신 있고 잘하는 일이라도 방심하지 말아야 해요.

[비슷한 속담]
나무 잘 타는 잔나비 나무에서 떨어진다
닭도 홰에서 떨어지는 날이 있다

좋은 약은 입에 쓰다

자기에 대한 충고나 비판이 당장은 귀에 거슬리나
그것을 달게 받아들이면 자신에게 이롭다는 말.

졸본 부여의 왕에게는 아들이 없고 세 딸만 있었습니다. 졸본 부여의 왕은 부여에서 도망 온 주몽이 뛰어난 인물이라는 것을 알고, 자신의 둘째 딸과 결혼을 시켰습니다.

졸본 부여의 왕이 세상을 떠나자 주몽이 왕위에 올랐습니다. 주몽은 소서노와 결혼해 비류와 온조라는 두 아들을 낳았습니다. 하지만 왕위는 부여에 있을 때 낳은 아들 유리에게 돌아갔습니다.

"온조야, 이곳에 계속 있다가는 무슨 화를 당할지 모르니 빨리 떠나자."

형 비류의 말에 온조도 고개를 끄덕였습니다. 두 사람은 열 명의 신하와 많은 백성들을 데리고 남쪽으로 내려갔습니다.

북한산 근처 위례에 이르렀을 때, 신하들이 입을 모아 말했습니다.

"이곳에 도읍을 정하는 게 좋을 것 같습니다."

비류는 찬찬히 주위를 둘러보았습니다.

"이곳은 북쪽에는 강이, 동쪽에는 높은 산이 감싸고 있습니다."

"남쪽으로 기름진 들이 있고, 서쪽은 큰 바다로 가로막혀 있으니 이곳처럼 살기 좋은 곳은 찾기 어려울 듯합니다."

여러 신하들이 입을 모아 말했지만 비류는 고개를 저었습니다.

마침내 온조도 한마디 했습니다.

"형님, 여기에 도읍을 정합시다."

그러자 비류는 낮은 목소리로 말했습니다.

"난 미추홀(지금의 인천)로 갈 테다."

비류는 동생 온조와 신하들이 하는 말을 듣지 않고 미추홀로 발길을 돌렸습니다.

"나를 따를 자는 누구냐? 나와 함께 가자."

그러자 몇몇 신하와 백성들이 비류를 따라나섰습니다.

그런데 미추홀로 가 보니 그곳은 바닷가라서 그런지 물이 짜고 땅도 농사 짓기에 턱없이 부적합했습니다. 그래서 살기가 무척 어려웠습니다.

'이럴 줄 알았으면 동생의 말을 들을걸. 온조의 말이 하나도 틀린 게 없었는데.'

비류는 크게 후회했지만 이미 때는 늦은 뒤였습니다.

〈우리나라 역사 이야기〉 '비류의 후회'

비류는 동생 온조의 말을 귀담아듣지 않았습니다. 결국 나라를 세우는 데 실패하고 말았지요. 나보다 어린 사람의 말이라도 귀 기울여 듣는 자세가 필요합니다.

[비슷한 속담]
입에 쓴 약이 병에는 좋다
입에 쓴 약이 병을 고친다

하룻강아지 범 무서운 줄 모른다

경험이 적고 세상 물정 모르는 사람이 철없이
함부로 덤비는 것을 비유적으로 이르는 말.

아주 오랜 옛날, 커다란 바위가 쩍 갈라지더니 원숭이 한 마리가 튀어나왔습니다. 이 원숭이가 바로 손오공입니다. 손오공은 용왕에게 늘어났다 줄어들었다 하는 여의봉을 얻고는 온갖 말썽을 피우고 다녔습니다.

"나를 당할 자는 아무도 없다!"

그때 하늘나라의 잔치에 참석하기 위해 온 서천*의 석가여래가 그 말을 듣고 손오공 앞에 나섰습니다.

"손오공! 내 손바닥을 벗어날 수 있다면 하늘나라를 너에게 주마."

손오공은 자신 있다는 듯 구름을 타고 휘리릭 날아올랐습니다. 기둥 다섯 개가 보이자 손오공은 털 하나를 뽑아 붓을 만든 다음, 가운데 기둥에 글씨를 썼습니다. 그러고는 기둥에 오줌까지 누었습니다.

손오공이 구름을 타고 돌아오니 석가여래가 손바닥을 펼쳐 보였습니다.

"그래 봤자 넌 내 손바닥을 한 걸음도 벗어나질 못했다."

석가여래의 가운뎃손가락에는 손오공이 쓴 글씨가 보였고, 오줌자국까지 남아 있었습니다.

"너같이 예의 없고 철모르는 원숭이는 수양이 필요하다."

석가여래는 손오공을 바위산 밑에 가두었습니다.

〈중국 옛이야기〉 '손오공'

＊서천: 옛날 중국에서 인도를 가리키는 말.

손오공은 여의봉의 힘을 믿고 까불다가 석가여래를 만나 호되게 당했습니다.
자만심이 넘쳐 자신이 하룻강아지라는 것을 모르고 호랑이한테 덤벼든 거예요.
때로 용기가 지나치면 손오공처럼 낭패를 당할 수도 있다는 걸 명심하세요.

[비슷한 속담]
막 태어난 송아지는 호랑이도 무서워하지 않는다
미련한 송아지 백정*을 모른다
* 백정: 소나 개, 돼지 등을 잡는 일을 직업으로 하는 사람.

칼도 날이 서야 쓴다

자기에게 주어진 역할을 하려면 그만한 실력이 있어야 한다는 뜻.

어느 연못에 잘난 체 잘하는 개구리 의사가 살고 있었습니다.

"나는 온갖 약초에 대해서 잘 알고 있습니다. 몸이 아픈 개구리들은 모두 나에게 오십시오."

처음에는 모두들 개구리 의사를 존경했지만 날이 갈수록 의사는 점점 더 교만해졌습니다.

"저 의사는 너무 공부를 하지 않는 것 같아."

개구리들은 개구리 의사가 못마땅했지만 어쩔 도리가 없었습니다. 연못에는 다른 의사가 없었기 때문이었지요.

그러던 어느 날, 개구리 의사가 연못 주위를 산책하고 있는데 갑자기 숲 속에서 여우가 뛰어나와 의사의 뒷다리를 물었습니다. 개구리 의사는 깜짝 놀라 연못으로 풍덩 뛰어 들어갔습니다. 간신히 목숨은 건졌지만 뒷다리에 난 상처는 너무 깊었습니다.

'이럴 때 붙이면 바로 낫는 약초가 있는데 그게 뭐였더라?'

개구리 의사는 끙끙 머리를 싸매고 고민을 했지만 아무 생각도 떠오르지 않았습니다.

'아, 내가 그동안 공부를 너무 소홀히 하고 자만했었구나.'

개구리 의사는 결국 다리를 고치지 못해 절뚝절뚝 걷게 되었습니다.

『이솝우화』 '개구리 의사'

칼은 쓰면 쓸수록 무뎌집니다. 처음 칼의 날카로움만 믿고 자만하다가는 망신을 당할 거예요. 늘 겸손한 마음으로 자기 실력을 점검하며 갈고닦아야 중요한 순간에도 유감없이 실력을 발휘할 수 있습니다.

[비슷한 북한 속담]
칼은 날이 서야 칼이다

개구리 올챙이 적 생각 못 한다

가난한 사람이 부자가 되어서 곤궁하던 옛날을 생각하지 못하고
처음부터 잘난 것처럼 뽐낼 때 이를 비꼬아 이르는 말.

태양이 환한 대낮이었습니다. 어디선가 먹구름이 몰려오더니 태양을 가려 버려 사방이 캄캄해졌습니다.

창가에 앉아서 바느질을 하던 아주머니가 램프를 꺼냈습니다.

"아직 대낮이지만 날이 이렇게 어두우니까 할 수 없지."

아주머니는 램프의 불빛을 받으면서 바느질을 다시 시작했습니다.

그때 문득 하늘을 보던 램프는 태양이 아직도 하늘에 떠 있다는 사실을 깨달았습니다. 날마다 태양이 사라진 후에야 빛을 내곤 했던 램프는 신이 나서 몸을 흔들었습니다.

"제아무리 밝은 태양이라도 때로는 빛을 잃을 때가 있군. 오늘 같은 날에는 태양보다 내가 훨씬 밝은걸. 오늘은 내가 최고야."

바로 그때 열려진 문틈으로 비바람이 몰아쳤습니다. 램프는 꺼지지 않으려고 안간힘을 썼지만 더 이상 어쩌지 못했습니다.

램프가 꺼지자 다시 방 안이 어두워졌습니다. 바느질을 하던 아주머니가 다시 램프의 불을 밝히며 말했습니다.

"램프야, 너와는 달리 태양의 빛이나 별빛은 절대 사라지지 않는다는 걸 명심하거라."

램프는 겸손하게 불빛을 내며 방 안을 골고루 비춰 주었습니다.

『이솝우화』 '램프와 태양'

만약 내가 누군가에게 쓸모 있고 필요한 사람이 되었다면 그건 참 자랑할 만한 일입니다. 하지만 내 능력을 뽐내지 않고 더 노력하려 애쓰고 나보다 더 훌륭한 사람에게서 계속 배운다면 훨씬 더 자랑스러운 일이 됩니다.

[비슷한 속담]

상처가 낫자 아픔을 잊어버린다

똥 누러 갈 적 마음 다르고 올 적 다르다
(자기 일이 아주 급한 때는 통사정하며 매달리다가 그 일을 무사히 다 마치고 나면 모른 체하고 지낸다는 말.)

비슷한 속담을 〈보기〉에서 찾아 괄호 안에 넣어 보세요.

• 못된 송아지 엉덩이에 뿔이 난다 (　　)
• 벼 이삭은 익을수록 고개를 숙인다 (　　)
• 원숭이도 나무에서 떨어진다 (　　)
• 좋은 약은 입에 쓰다 (　　)
• 개구리 올챙이 적 생각 못 한다 (　　)

보기

㉠ 닭도 홰에서 떨어지는 날이 있다
㉡ 똥 누러 가는 마음 다르고 올 적 다르다
㉢ 맛없는 국이 뜨겁기만 하다
㉣ 병에 찬 물은 저어도 소리가 나지 않는다
㉤ 입에 쓴 약이 병을 고친다

 속담을 넣어 짧은 글을 지어 보세요.

• 길고 짧은 것은 대어 보아야 안다

예 유찬이가 달리기에 자신 있다고 하자, 명수가 길고 짧은 것은 대어 보아야 안다 면서 주먹을 불끈 쥐었다.

 도전!
_____

• 못된 송아지 엉덩이에 뿔이 난다

예 중학생인데 벌써 화장을 하는 언니에게 할머니가 못된 송아지 엉덩이에 뿔이 난 다고 걱정스레 말씀하셨다.

 도전!
_____

02

꾸준한 노력의 중요성을 알려 주는 속담

가다 말면 안 가느니만 못하다

어떤 일을 하다가 도중에 그만둘 바엔, 처음부터
하지 않는 편이 낫다는 뜻.

맹자의 어머니는 아들의 교육을 위해서 세 번이나 이사를 할 정도로 교육열
이 높았습니다.

어린 맹자가 집을 떠나 이름난 스승 밑에서 공부를 하고 있을 때였습니다.

어느 날 맹자는 참지 못하고 그만 집으로 돌아왔습니다. 그때 어머니는 베를
짜고 있었습니다.

"왜 벌써 돌아왔느냐?"

"어머니와 집 생각이 나서 견딜 수가 없었습니다."

"글은 좀 배웠느냐?"

맹자는 잠시 머뭇거리다 겸연쩍게 대답했습니다.

"실은 별로 배우지 못했습니다."

그러자 어머니는 베틀의 실을 칼로 싹둑 잘라 버리며 말했습니다.

"보았느냐? 이 실은 무엇이 되겠느냐?"

맹자는 아무 대답도 하지 못했습니다.

"너의 행동은 베의 실을 끊어 버린 것과 같다. 이 실은 바로 네 자신이다."

맹자는 부끄러워서 고개를 들 수가 없었습니다.

"이제부터 베를 짜든, 공부를 하든 네가 결정하거라."

맹자는 그 길로 스승에게 돌아가 열심히 공부했습니다.

〈중국 옛이야기〉 '어머니의 가르침'

    어떤 일에 좋은 성과를 얻기 위해서는 꾸준히 노력하는 것이 가장 중요합니다. 하고자 마음먹은 일을 포기하지 않고 끝까지 하다 보면 좋은 결과를 얻을 수 있습니다.

[비슷한 속담]
칼을 뽑고는 그대로 칼집에 꽂지 않는다
(한번 결심하고 시작한 일은 끝까지 하고야 만다는 뜻.)

구르는 돌은 이끼가 안 낀다

한자리에 머물러 있지 않고 늘 뭔가 생각하고 움직이는
사람에게는 새로운 생각이 떠오르게 된다는 뜻.

스티브 잡스는 초등학교 시절, 학교를 자주 빼먹는 문제아였지만 호기심이
많고 끈기가 있었으며, 남과 비슷한 것을 무척 싫어했습니다.

대학에 들어가서도 공부에는 별 흥미를 느끼지 못해 1학기를 마치고 학교를
그만두었습니다.

학교는 그만뒀지만 스티브 잡스는 18개월 동안 청강을 하며 타이포그래피에
대해 공부했습니다. 타이포그래피는 글자를 다루는 시각 디자인의 한 분야인
데 책의 주제를 아름다우면서도 개성 있는 글씨로 요약하여 표현하는 것입니
다. 컴퓨터를 만들고 싶었던 스티브 잡스는 컴퓨터에 아름다운 글자체도 필요
하다고 생각했기 때문에 타이포그래피를 열심히 공부했습니다.

그러던 어느 날, 스티브 잡스는 학교 선배였던 워즈니악에게 말했습니다.

"워즈니악, 우리 함께 회사를 만들어 봐요. 회사 이름은 애플! 어때요?"

스티브 잡스는 워즈니악과 함께 '애플1 컴퓨터'를 만들어 큰 성공을 거두었습
니다. 잡스는 잠시도 쉬지 않고 애플2, 리사, 매킨토시 컴퓨터를 개발했습니
다. 하지만 리사 컴퓨터의 실패와 매킨토시 컴퓨터의 저조한 판매로 자신이 세
운 애플사에서 쫓겨났습니다. 하지만 잡스는 전혀 낙담하지 않고 넥스트라는
회사를 만들었습니다.

그리고 훗날 스티브 잡스는 당시 어려움을 겪고 있었던 애플로 다시 복귀해
모바일 아이팟, 아이폰, 아이패드를 만들어 새로운 신화를 창조했습니다.

〈인물 이야기〉 '애플 컴퓨터의 창시자 스티브 잡스'

　자신을 믿고 끊임없이 도전하는 사람은 남들보다 앞서갈 수 있습니다. 분명하고 구체적인 목표는 나의 버팀목이 되고 내가 노력할 수 있게 방향을 제시해 주지요. 내가 정한 목표를 믿고 앞으로 나아가세요.

[비슷한 속담]

물은 흘러야 썩지 않는다 | 흐르는 물은 썩지 않는다

부지런한 물방아는 얼 새도 없다

(물방아는 쉬지 아니하고 돌기 때문에 추워도 얼지 아니한다는 뜻으로, 무슨 일이든 쉬지 않고 부지런히 해야 실수가 없고 순조롭게 이루어짐을 비유적으로 이르는 말.)

낙숫물이 댓돌을 뚫는다

처마에서 떨어지는 낙숫물에 댓돌이 뚫리듯,
비록 약한 힘이라도 끈질기게 오랫동안 계속 노력하면
무슨 일이든지 안 되는 일이 없다는 뜻.

옛날 중국에 우공이라는 노인이 살았습니다. 우공의 집은 두 산으로 둘러싸여 있어서 물건을 사러 밖에 나가려면 산을 빙 돌아서 가야 했습니다.

어느 날, 우공은 가족들이 모인 자리에서 이렇게 말했습니다.

"산을 깎아야지 안 되겠다."

그때 아내가 반대하며 말했습니다.

"어떻게 산을 깎는단 말이에요? 그리고 그 많은 흙과
돌은 또 어쩌고요?"

"바다에 갖다 버리면 되지요."

큰아들의 말에 둘째와 셋째 아들이 고개를 끄덕였습니다.

다음 날부터 우공은 세 아들과 손자들을 데리고 산을 깎기 시작했습니다. 산에서 나온 흙과 돌은 바다에 갖다 버렸습니다. 바다는 너무 멀어서 한 번 갔다 오는 데 꼬박 1년이 걸렸습니다.

그 모습을 본 마을 사람들이 걱정스러운 마음에 우공을 찾아갔습니다.

"우공, 당신은 90살이 넘었습니다. 언제 저 큰 산의 흙과 돌을 다 옮긴다는 말이지요?"

그러자 우공이 껄껄 웃으며 말했습니다.

"내가 죽으면 내 자식이 할 것이고, 자식이 죽으면 그 손자가 할 것이니 무슨

걱정이란 말이오."

한편 우공의 집을 둘러싸고 있던 두 산의 신령은 걱정이 태산 같았습니다.

"산이 없어지면 우리는 살 곳을 잃게 됩니다. 우공이 하는 일을 막아 주십시오."

두 산신령은 하늘의 왕을 찾아가 호소했습니다.

우공의 이야기를 들은 하늘의 왕은 곰곰 생각에 잠기더니 말했습니다.

"참 대단한 집념을 가진 사람이군. 두 산을 다른 곳으로 옮겨 주겠다."

우공은 더 이상 산을 깎지 않아도 되었고, 두 산신령은 집을 잃지 않게 되었습니다.

〈중국 옛이야기〉 '산을 옮긴 우공'

불가능한 일처럼 보여도 꾸준히 노력하면 이룰 수 있습니다. 할 수 없다고, 하기 어렵다고 투덜댈 시간에 일단 시작해 보세요. 하늘은 스스로 노력하는 사람을 성공하게끔 만든답니다.

[비슷한 속담]
거미는 작아도 줄만 잘 친다
제비는 작아도 천리를 강남을 간다
(위의 두 속담 모두, 모양은 비록 작아도 제 할 일은 다 한다는 뜻.)
하늘은 스스로 돕는 자를 돕는다

무쇠도 갈면 바늘 된다

꾸준히 노력하면 아무리 어려운 일이라도 이룰 수 있다는 말.

고구려의 평강 공주는 툭하면 울어 대서 화가 난 임금은 공주가 울 때마다 이렇게 말했습니다.

"어허, 공주! 그렇게 자꾸 울면 바보 온달에게 시집보내겠소."

그러면 신기하게도 공주는 울음을 뚝 그쳤습니다.

훗날 평강 공주는 자라서 어여쁜 여인이 되었습니다. 임금은 공주를 좋은 가문의 아들과 혼인시키려 했습니다. 하지만 공주는 말을 듣지 않았습니다. 결국 공주는 궁궐에서 쫓겨나고 말았습니다.

그 길로 평강 공주는 사람들에게 길을 물어 바보 온달이 사는 산비탈 오막살이집으로 갔습니다. 온달은 한사코 공주를 돌려보냈지만 공주는 들은 척도 하지 않았습니다. 그리고 마침내 두 사람은 혼인을 했습니다.

온달과 결혼한 평강 공주는 온달에게 날마다 글과 무술을 가르쳤습니다.

"처음부터 잘하는 사람은 없답니다."

온달은 공주가 가르쳐 주는 대로 열심히 배우고 깨우쳤습니다.

이제 온달은 예전의 온달이 아니었습니다. 사람들은 온달의 모습을 보고 깜짝 놀랐습니다.

"이게 무슨 일이지? 온달은 이제 더 이상 바보가 아니야!"

"온달이 멋지게 변한 것은 모두 평강 공주 덕분이야."

훗날 온달은 글솜씨와 무술 실력을 인정받아 멋진 장군이 되었습니다.

〈인물 이야기〉 '바보 온달'

지혜와 사랑으로 온달을 변화시킨 평강 공주와 포기하지 않고 열심히 따라와 준 온달의 이야기는 우리에게 큰 놀라움과 감동을 줍니다. 아무리 어려운 일이라도 가능하다고 믿는다면 뭐든 할 수 있답니다.

[비슷한 속담]
낙숫물이 댓돌을 뚫는다
정성이 지극하면 동지섣달에도 꽃이 핀다
(위의 두 속담 모두, 정성을 다하면 어려운 일도 해낼 수 있다는 뜻.)

비 온 뒤에 땅이 굳어진다

비에 젖어 질척거리던 흙도 마르면서 단단하게 굳어진다는
뜻으로, 어떤 시련을 겪은 뒤에 더 강해진다는 의미.

1960년 제17회 로마 올림픽에서 마라톤 경기가 열리고 있었습니다. 뜨거운 김이 오르는 아스팔트 위를 각 나라의 대표 선수가 힘겹게 뛰고 있었지요.

"앗, 저기 선두에서 달리는 저 선수는 누구지?"

"맨발로 달리는 걸 보니 운동화 살 돈도 없나 봐."

비킬라 아베베는 당시만 해도 사람들이 잘 모르던 나라, 아프리카 에티오피아에서 출전한 선수였습니다. 175cm, 61kg의 빈약한 체구를 가진 28살의 흑인 청년에게 관심을 가지는 사람은 아무도 없었습니다.

'지금 나는 우리나라를 25년이나 강제 점령했던 이탈리아에서 달리고 있다. 아무도 나에게 관심이 없지만 나는 꼭 금메달을 따고야 말겠어.'

드디어 저 멀리 로마의 콘스탄티누스 개선문이 보였습니다. 2시간 15분 16초를 돌파하며 아베베는 금메달을 목에 걸었습니다. 아베베는 40년 만에 마라톤 기록을 깨며 자신의 조국 에티오피아를 전 세계에 알렸습니다.

그 후, 4년 뒤 아베베는 1964년 도쿄 올림픽에서 두 번째 금메달을 따면서 마라톤 2회 연속 우승자가 되었습니다.

하지만 놀라움과 환희의 순간도 잠시, 아베베에게 큰 불행이 찾아왔습니다. 아베베가 교통사고를 당해 하반신이 마비가 된 것입니다. 다시는 뛸 수 없다는 의사의 말에도 아베베는 재활 훈련을 열심히 했습니다.

"자네는 더 이상 두 다리를 쓸 수 없다고!"

주위 사람들이 말렸지만 아베베는 고집을 꺾지 않았습니다.

"두 팔까지 못 쓰는 건 아니잖아? 양궁 선수가 되어 장애인 올림픽에 나가겠어."

몇 년의 시간이 흐르고 아베베는 노르웨이에서 열리는 장애인 올림픽에 참가해 양궁 선수로 금메달을 땄습니다. 불가능하다고 했던 일을 아베베는 결국 해낸 것입니다.

〈인물 이야기〉 '아베베의 세 번째 금메달'

사람들은 흔히 실제로 해 보지도 않고 "그건 할 수 없어." "그건 절대로 불가능한 일이야." 하며 포기하는 일이 많습니다. '실수'와 '시련'이 그 사람을 더 단단하게 만듭니다. 노력만큼이나 중요한 것이 바로 '도전 정신'이지요.

[비슷한 속담]

고생 끝에 낙이 온다
(어려운 일이나 고된 일을 겪은 뒤에는 반드시 즐겁고 좋은 일이 생긴다는 말.)

뿌린 대로 거둔다

모든 일은 정성과 노력을 기울인 만큼의 결실을 얻게 된다는 뜻.

뜨거운 여름이었습니다. 개미는 땀을 뻘뻘 흘리며 열심히 먹이를 모았습니다.

"주위에 먹을 것이 이렇게 많은데 왜 힘들게 일을 하니?"

매미가 그런 개미를 한심하다는 듯 바라보았습니다.

"곧 겨울이 닥칠 거야. 그때를 대비해야지."

개미의 말에 매미는 콧방귀를 뀌었습니다.

"흥! 도대체 무슨 걱정이야? 먹을 건 얼마든지 있어. 하루아침에 이 풍성한 먹이들이 없어지기라도 한다는 거야?"

개미는 매미의 말에 아랑곳하지 않고 계속 일했습니다. 매미는 그런 개미를 비웃으면서 빈둥빈둥 아무 일도 안 하고 놀기만 했지요.

드디어 겨울이 되었습니다. 숲 속은 꽁꽁 얼어붙었고 눈이 소복이 쌓여 먹을 것이라곤 찾아볼 수 없었습니다.

개미는 여름 동안 부지런히 모아 놓은 먹이를 먹으며 편하게 지냈지만, 매미는 먹을 게 하나도 없어서 쫄쫄 굶을 수밖에 없었습니다.

매미는 할 수 없이 개미네 집을 찾아가기로 했습니다.

"개미야, 먹을 것을 좀 나눠 주지 않겠니?"

개미는 게으른 매미를 내쫓지 않고 불쌍하고 안쓰러워서 먹을 것을 나눠 주었습니다.

『이솝우화』 '매미와 개미'

눈에 보이는 풍족한 것만 믿고 현실에 안주해 버리면 가까운 미래에는 분명 희망도 발전도 없는 빈털터리가 될 거예요. 지금의 시련과 고통은 가까운 미래에 더 풍성한 열매가 되어 돌아옵니다. 당장 귀찮고 힘들어도 조금만 참고 이겨 내려는 자세가 필요합니다.

[비슷한 속담]
콩 심은 데 콩 나고 팥 심은 데 팥 난다
(모든 일은 근본에 따라 거기에 걸맞은 결과가 나타난다는 뜻.)

오랜 가뭄 끝에 단비 온다

오랜 고생을 겪은 끝에 즐거운 일을 맞이하는 것을 이르는 말.

아주 먼 옛날, 하느님의 아들인 환웅이 바람의 신, 비의 신, 구름의 신을 데리고 사람이 사는 땅으로 내려왔습니다.

그러던 어느 날 환웅에게 곰과 호랑이가 찾아왔습니다.

"환웅님, 저희들도 사람이 되고 싶습니다."

"사람이 되는 건 쉽지 않은 일이다. 동굴 속에서 쑥과 마늘을 먹으면서 100일을 지내면 사람이 될 것이다."

환웅의 말을 들은 곰과 호랑이는 얼른 동굴 속으로 들어갔습니다. 그러나 컴컴한 동굴 속에서 쑥과 마늘만 먹으며 지내는 일은 정말 어려웠습니다.

"난 도저히 못 참겠어. 마늘은 너무 맵고 쑥은 너무 써."

호랑이의 말에 곰이 침착하게 말했습니다.

"사람이 되는 일이 그렇게 쉽겠어? 조금만 참고 견디어 보자."

곰은 이제 며칠 안 남았다며 호랑이의 등을 툭툭 두드렸습니다. 하지만 호랑이는 끝내 참지 못하고 동굴 밖으로 뛰쳐나갔습니다. 반면에 곰은 홀로 동굴 속에서 100일을 지내다 마침내 사람이 되었지요.

여인이 된 곰은 웅녀라는 이름을 얻고 환웅의 부인이 되었습니다.

얼마 뒤 웅녀는 잘생긴 사내아이를 낳았습니다. 그 아이가 바로 우리 겨레 최초의 나라인 고조선을 세운 단군이랍니다.

〈우리나라 옛이야기〉 '단군신화'

　고생을 참고 자신이 바라는 바를 위해 참고 견디면 반드시 좋은 결과가 있습니다. 힘들어서 그만두고 싶은 마음이 들면 목표를 떠올려 보세요. 그리고 목표를 달성했을 때의 기쁨과 달콤한 휴식을 상상해 보세요.

[비슷한 속담]
가물에 단비
(기다리고 바라던 일이 마침내 이루어졌다는 뜻.)

첫술에 배부르랴

어떤 일이든지 단번에 만족할 수는 없으니 조금 기다리면
반드시 좋은 일이 있을 거라는 뜻.

1870년경 미국에 사는 하이엇은 과학자가 꿈이었습니다. 늘 뭔가를 발명하고 만들어 냈지요.

그러던 어느 날, 하이엇은 동료들과 당구를 치게 되었습니다. 당시 당구는 큰 인기를 얻고 있었습니다.

"에이, 뭐야? 공이 또 깨졌어. 당구공 구하기가 쉽지 않다고 하던데?"

"코끼리의 앞니인 상아로 만들어서 그래. 상아를 구하기가 쉽지는 않겠지."

하이엇은 깨진 당구공을 보며 생각에 잠겼습니다. 당장 그날부터 하이엇은 깨지지 않는 물질을 만들기 위해 온 힘을 기울였습니다.

"인쇄공 주제에 무슨 발명을 하겠다고! 벌써 며칠 밤을 새운 거야?"

빈정거리는 사람들도 있었고, 걱정하는 사람들도 있었습니다. 실패에 실패를 거듭해도 하이엇은 결코 포기하거나 물러서지 않았습니다.

그즈음 당구공 때문에 골치가 아팠던 당구공 회사가 공고를 냈습니다.

당구공을 만들 새로운 재료를 찾는 사람에게 상금 1만 달러 지급!

포기하지 않고 연구에 매진했던 하이엇은 드디어 깨지지 않는 물질인 '셀룰로이드(플라스틱의 일종)'를 개발해 냈습니다.

그 후에도 하이엇은 좋은 플라스틱을 만들기 위해 계속 연구했습니다.

〈인물 이야기〉 '하이엇의 깨지지 않는 발명품'

　처음부터 잘 안 된다고 걱정할 필요가 없습니다. 실망할 필요도 없지요. 목표를 향해 꾸준히 걸어가다 보면 뜻밖의 좋은 기회를 얻게 되고, 성공의 문 앞에 한 발짝 더 다가선 자신의 모습을 발견하게 될 거예요.

[비슷한 속담]
천 리 길도 한 걸음부터
(아무리 큰일이라도 그 첫 시작은 작은 일에서 비롯되었으며 그것이 쌓여서 큰 성과를 이루게 된다는 뜻.)

굽은 나무가 선산*을 지킨다

쓸모없는 것이 도리어 크게 쓸모가 있다는 뜻으로, 쓸모없어 보이는 것이 결국 제 구실을 함을 비유적으로 이르는 말.

마을 뒷산 숲에 사는 못생기고 작은 소나무의 배에는 커다란 혹이 붙어 있었습니다. 소나무는 제 몸에 툭 불거져 나온 혹을 바라보며 중얼거렸습니다.

"이 혹만 없었어도 나도 어디론가 팔려 갔을 텐데……."

그러던 어느 날, 마을에 사는 한 할아버지가 찾아왔습니다.

"이제 남은 건, 너 하나밖에 없구나."

소나무는 어렸을 적 할아버지 모습을 또렷이 기억하고 있습니다. 얼굴은 못생겼지만 손재주 하나는 특별했던 아이는 이제 할아버지가 되었습니다. 할아버지는 할머니가 세상을 뜨는 바람에 달랑 혼자 남았습니다. 아들과 딸 들이 도시로 가 함께 살자고 조르는데도 할아버지는 고향을 떠나지 않았습니다.

할아버지는 소나무의 울퉁불퉁한 혹을 떼어 내더니 한걸음에 산을 내려갔습니다. 할아버지는 집에 돌아오자마자 소나무에서 떼어 낸 옹이를 톱으로 자르고 칼로 깎았습니다. 그런 다음 인두로 무늬를 내고 사포로 매끈하게 문질렀습니다.

"자, 이제 날아 볼까?"

할아버지는 마을로 들어서는 길목에 높다랗게 장대를 세우고 그 끝에 오리 한 마리를 매달았습니다. 뒷산 솔숲에 서 있던 소나무는 마을 입구에 우뚝 선 솟대 오리를 보고 너무 기뻐서 온몸을 흔들어 댔습니다.

〈창작동화〉 '새가 된 소나무'

＊선산: 조상의 무덤이 있는 산.

이 세상에 쓸모없는 것은 하나도 없습니다. 남들이 못났다고 해도 한자리를 묵묵히 지키고 있으면 반드시 인정받는 날이 올 거예요. 스스로를 돌아보며 자신을 더욱 단단히 추스르고 있는 것이 중요합니다.

[비슷한 속담]
꾸부렁한 나무도 선산을 지킨다
못난 자식이 부모를 부양한다
(생각지도 못한 사람이 오히려 사람 구실을 한다는 뜻.)

비슷한 속담을 〈보기〉에서 찾아 괄호 안에 넣어 보세요.

- 구르는 돌은 이끼가 안 낀다 (　　)

- 비 온 뒤에 땅이 굳어진다 (　　)

- 무쇠도 갈면 바늘 된다 (　　)

- 첫술에 배부르랴 (　　)

- 굽은 나무가 선산을 지킨다 (　　)

> **보기**
>
> ㉠ 못난 자식이 부모를 부양한다
> ㉡ 천 리 길도 한 걸음부터
> ㉢ 낙숫물이 댓돌을 뚫는다
> ㉣ 고생 끝에 낙이 온다
> ㉤ 흐르는 물은 썩지 않는다

 속담을 넣어 짧은 글을 지어 보세요.

- 비 온 뒤에 땅이 굳어진다

예 아빠의 사업 실패 후 우리 가족은 비 온 뒤에 땅이 굳어진다는 말처럼 더욱더 화목해졌다.

 도전!

_____

- 뿌린 대로 거둔다

예 날마다 친구들을 괴롭히던 영수가 친구들에게 왕따를 당했다. 모든 일은 뿌린 대로 거두는 것이다.

도전!

_____

03

리더십을 키워 주는 속담

가는 말에 채찍질

잘하는 일에 더욱 잘하라고 격려한다는 의미와 아울러
자신의 위치에 만족하지 않고 계속 노력한다는 뜻.

사자가 사냥을 나가는 길이었습니다.

"당나귀야, 나랑 사냥하러 가지 않을래?"

사자의 말에 당나귀가 고개를 설레설레 저었습니다.

"내가 할 수 있는 일이 없을 텐데. 난 사냥에 소질이 없어."

당나귀의 말에 사자가 말했습니다.

"넌 목청이 크잖아."

"목청이 큰 게 사냥에 무슨 도움이 되겠어."

"숲으로 가서 있는 힘을 다해 소리를 지르기만 하면 돼."

숲에 도착하자, 당나귀는 사자가 시키는 대로 소리를 질렀습니다.

그러자 숨어 있던 짐승들이 영문도 모른 채 뛰쳐나와 도망치기 시작했습니다.

"옳지! 잘한다! 더 크게!"

사자는 당나귀를 쳐다보며 칭찬했습니다.

"당나귀야, 역시 네 목청이 최고야."

사자의 칭찬에 당나귀는 신이 났습니다. 그래서 더 크게 소리를 질렀습니다.

사자는 당나귀 덕분에 쉽게 사냥을 할 수 있었습니다.

『이솝우화』 '사자와 당나귀'

　칭찬은 고래도 춤추게 한다는 말이 있습니다. 칭찬은 긍정의 힘을 가져서 좋은 효과를 발휘한다는 뜻이지요. 동료들의 잠재력을 키워 주고 용기를 주는 리더가 되고 싶다면 적절하게 칭찬도 할 줄 알아야 합니다.

[비슷한 속담]

가는 말에도 채찍을 치랬다
달리는 말에 채찍질
(위의 두 속담 모두, 기세가 한창 좋을 때 더 힘을 가한다는 말.)

고래 싸움에 새우 등 터진다

힘센 사람끼리 싸우는 통에 아무 관계도 없는
힘없는 사람이 피해를 입는다는 뜻.

1727년 11월 10일, 조선의 제21대 임금인 영조는 당파 싸움을 뿌리 뽑아 어느 쪽 사람이든 한쪽으로 치우치지 않고 벼슬에 고루 쓰기 위한 정책을 발표했습니다. 이 정책이 바로 '탕평책'입니다. '탕탕평평'이란 어느 쪽에도 치우치지 않는 것을 뜻하는 말입니다.

우리나라 역사에는 조선 시대만 하더라도 왕의 자리를 놓고 형제끼리 피를 흘리며 다투던 왕자의 난을 비롯하여 당파 싸움이 끊이지 않았습니다. 이러한 일로 당파 싸움에 직접 관계한 사람은 물론, 아무 관계도 없는 사람까지 억울하게 해를 입고 죽임을 당한 사람이 많았지요. 힘센 사람들이 싸우는 통에 아무 관계도 없는 힘없는 사람들까지 덩달아 피해를 입게 된 것입니다.

영조는 이러한 폐해를 없애고자 탕평책을 발표해서 당파를 초월하여 인재를 등용하고, 1742년에는 성균관 입구에 '탕평비'를 세우는 등 당쟁을 없애기 위해 온 힘을 기울였습니다.

하지만 이러한 노력에도 불구하고 뿌리 깊은 당파의 대립은 그 기세가 꺾이지 않았습니다.

영조의 뒤를 이은 정조도 할아버지인 영조의 탕평책을 계승하여 그의 거실을 '탕탕평평실'이라 이름 짓고 노론, 소론뿐만 아니라 출신을 가리지 않고 실력 있는 사람이라면 벼슬자리를 주어 나랏일에 참여하게 하였습니다.

〈우리나라 역사 이야기〉'정조의 탕평책'

리더는 늘 자신의 생각과 행동을 깊이 되돌아보고 매사에 신중해야 합니다. 억울하게 피해를 보는 사람이 없도록 주변을 잘 살펴야 하지요.

[비슷한 속담]

독 틈에 탕관*
(커다란 항아리 틈에 약을 달이는 데 쓰이는 작은 그릇이 끼어 있다는 뜻으로, 약자가 강자들 사이에 끼어서 곤란한 일을 당하는 경우를 뜻함.)
* 탕관: 국을 끓이거나 약을 달이는 자그마한 그릇.

부모를 따라 외가가 있는 충청도 아산의 뱀밭골(지금의 충청남도 아산군 염 치면 백아리)로 이사를 간 순신은 마치 날개 달린 호랑이처럼 산과 들을 마음 껏 쏘다녔습니다.

이사 온 지 얼마 되지 않아 순신은 곧 마을 소년들을 이끄는 대장이 되었습 니다.

"너희들은 무엇 때문에 한성에서 온 그 아이에게 꼼짝도 못하는 거냐?"

마을 사람들은 순신의 뒤를 졸졸 따라다니는 마을 아이들에게 나무라듯 말했 습니다.

"우리도 처음에 그 애를 꺾으려고 다 함께 덤벼 보았어요."

"그런데 그 애는 씩씩하고 용감한 데다 머리까지 좋아서 우리가 생각조차 못 한 일을 척척 해낸다고요."

마을 아이들은 입을 모아 순신을 칭찬했습니다.

그러던 어느 날, 전쟁놀이를 하다가 순신에게 벌을 받는 아이들이 늘자 그 부모들이 순신의 아버지를 찾아왔습니다.

"댁의 아드님 때문에 우리 애는 온몸이 멍투성이가 되었어요. 날마다 험한 산을 기어오르게 하고 굴러 내리게 해서 상처가 아물 날이 없습니다."

"온 마을을 돌아다니며 잘 쌓아 놓은 낟가리를 헤쳐 놓지를 않나, 닭장까지 숨어 들어와 전쟁놀이를 하지 않나. 어휴."

그 말을 다 듣고 난 후, 순신의 아버지는 아들을 불렀습니다.

"마을 사람들의 말이 모두 사실이냐?"

"예, 사실입니다. 낟가리를 헤쳐 놓은 것은 군사를 숨기려다 그런 것이고, 외양간과 닭장에 들어간 것은 적으로부터 마을의 가축을 보호하기 위해서였습니다."

순신은 거리낌 없이 대답했습니다.

"순신아, 너는 장차 대장이 되고 싶다고 했지?"

"예."

"대장이 되려면 용기도 있어야 하지만 그보다 중요한 것은 부하를 다스릴 줄 아는 슬기란다. 학문을 열심히 하면 얻어지는 게 바로 슬기란다. 대장이 되려면 무예도 중요하지만 학문도 무시할 수 없지."

그날부터 순신은 글공부에 힘썼습니다. 학문을 익히는 데에도 남보다 뛰어났으며 남보다 더 안다고 자랑하거나 뽐내지 않았습니다.

"순신이는 분명 대단한 인물이 될 거야."

마을 사람들은 순신을 볼 때마다 이렇게 말했습니다.

〈인물 이야기〉'이순신'

앞으로 크게 될 나무는 떡잎부터 다른 것처럼, 자라서 크게 될 사람은 어릴 적부터 다르겠지요? 슬기롭고 바른 마음가짐을 가지고 꾸준히 노력한다면 사람들도 나를 따르게 되고 미래의 훌륭한 리더가 될 수 있답니다.

[비슷한 속담]

용 될 고기는 모이 철부터 안다
푸성귀는 떡잎부터 알고 사람은 어렸을 때부터 안다
(위의 두 속담 모두, 잘될 사람은 어려서부터 남달리 장래성이 엿보인다는 말.)

물이 깊을수록 소리가 없다

덕망이 높고 생각이 깊은 사람일수록 잘난 체하거나
아는 체 떠벌리지 않는다는 뜻.

　맹사성은 조선 시대 가장 높은 벼슬인 정승 자리에 있었지만 소탈하고 소박
한 성품으로 백성들과 스스럼없이 지냈습니다.

　어느 날 맹사성은 낚시터에서 가난한 농부인 전 첨지를 만났습니다.

　"고기 잡으러 오셨소? 난 세교리에 사는 전 첨지라 하오."

　"아이고, 심심하던 차에 내가 오히려 더 반갑소. 난 중리 사는 맹 첨지라고
하오."

　맹 첨지는 보리 개떡을 주섬주섬 꺼내며 말했습니다.

　"이 보리 개떡은 내가 정말 좋아하는 것이라오."

　그렇게 두 사람은 친구가 되었습니다.

　그러던 어느 날, 맹 첨지가 말했습니다.

　"다음 달이 내 생일이니 우리 집에 오시오."

　전 첨지는 초대를 받고 고민에 빠졌습니다.

　"그냥 빈손으로 갈 수도 없고……. 옳거니!"

　전 첨지는 평소에 맹 첨지가 좋아하던 보리 개떡을 싸 들고 맹 첨지가 가르
쳐 준 집으로 찾아갔습니다.

　"어, 이상하다. 커다란 기와집밖에 없네. 분명 여기가 맞는데……."

　전 첨지는 고개를 갸우뚱하며 열려진 대문 안으로 고개를 쑥 내밀었습니다.
그러자 맹 첨지가 버선발로 뛰어나오며 반겼습니다.

　"아이고 어서 오시게. 이보시게들, 이 전 첨지가 바로 내가 말한 그 친구라네."

그제야 전 첨지는 낚시터에서 만난 맹 첨지가 높디높은 양반, 정승이라는 것을 알았습니다.

"아이고, 정승 어른. 제가 몰라보고 무례를 저질렀습니다. 부디 용서해 주십시오."

전 첨지는 머리를 조아리며 말했습니다.

"사람 위에 사람 없고 사람 밑에 사람 없습니다. 정승은 그저 나의 직업일 뿐."

전 첨지는 존경스런 눈빛으로 맹사성을 바라보았습니다. 맹사성과 전 첨지는 그 후에도 계속 친구로 잘 지냈습니다.

〈인물 이야기〉 '맹 첨지로 불린 정승'

재물이 있고 없고, 직위가 높고 낮고 또는 학식이 높고 낮음에 따라 사람을 구별하고 차별하는 것은 잘못된 행동입니다. 겸손한 태도로 사람을 대하는 태도는 리더로서 갖추어야 할 미덕 중의 하나입니다.

[비슷한 속담]

벼 이삭은 익을수록 고개를 숙인다
(교양이 있고 수양을 쌓은 사람일수록 더욱 겸손하다는 뜻.)

물이 깊어야 고기가 모인다

덕이 있고 마음이 넓어야 사람들이 따른다는 뜻.

소연이는 가족과 함께 뉴스를 보고 있었습니다. 텔레비전에서는 넬슨 만델라의 장례식이 생중계 되고 있었습니다.

"넬슨 만델라 전 남아프리카공화국 대통령이 고향인 쿠누에 잠들었습니다."

아나운서의 말이 끝나자 장례식 장면이 차례로 나왔습니다. 많은 사람들이 모여 만델라 전 대통령의 마지막 길을 함께했습니다.

"아빠, 넬슨 만델라라는 사람이 왜 이렇게 인기가 많은 거죠? 연예인도 아닌데 말이에요."

소연이는 궁금하다는 듯 물었습니다.

"평생 용서와 화합을 위해 살아왔기 때문에 많은 사람들이 그를 따르고 존경하는 거란다."

그러면서 아빠는 넬슨 만델라의 생애에 대해 간단하게 이야기해 주셨습니다.

"1918년 마을 족장의 아들로 태어난 만델라는 남아프리카 백인들의 흑백 차별 정책에 맞서 투쟁하다 27년 동안 옥살이를 했단다. 1990년 감옥에서 나온 만델라는 인종 차별 철폐를 위해 노력했고 그 공로로 노벨 평화상을 수상했지."

"아빠, 내일 학교 도서관에 가서 넬슨 만델라에 대해 쓴 책을 읽어 볼래요."

소연이의 말에 아빠가 흐뭇한 미소를 지었습니다.

〈인물 이야기〉 '넬슨 만델라'

속담에서 물이 깊다는 말은 그 사람의 마음 씀씀이가 넓고, 생각이 깊고 넓다는 뜻과 같아요. 존경받는 리더는 덕망이 높고 겸손하며 남을 용서하고, 화합을 위해 자신을 희생합니다.

[비슷한 속담]

숲이 깊어야 도깨비가 나온다
(도깨비가 깊은 숲을 찾아가듯, 자신에게 충분한 조건과 덕망이 갖춰져 있어야 사람들이 따른다는 뜻.)

사공*이 많으면 배가 산으로 간다

주관하는 사람 없이 여러 사람이 자기의 주장만 내세우면
일이 제대로 되기 어렵다는 의미.

오늘은 동수네 집이 이사를 가는 날입니다.

"이삿짐센터에 맡기면 편하고 좋겠지만 돈이 많이 드니 식구들이 힘을 합해
서 이사를 해 보자."

할머니의 말씀에 따라 아침 일찍부터 삼촌, 이모 등 친척들이 이사를 도와주
기 위해 모였습니다. 그런데 사람들이 많다 보니 이삿짐을 싸는 것부터 서로
생각이 달랐습니다.

"깨지기 쉬운 항아리나 유리그릇부터 싸서 옮겨라."

할머니의 말에 삼촌이 얼른 말했습니다.

"값이 비싼 컴퓨터, 텔레비전부터 싸야 해요."

그러자 이모가 툴툴대며 말했습니다.

"무슨 소리! 옷과 이불부터 싸야 해."

"아이고, 벌써 점심때가 됐네. 자장면이나 시켜 먹은 다음에 다시 합시다."

아빠의 말에 엄마가 음식을 주문했습니다. 음식을 먹는 동안 각자의 생각은
조금씩 바뀌었습니다. 할머니는 이모의 말에 동의했고, 이모는 삼촌의 생각에
동의했습니다. 그러나 여전히 생각이 일치하지는 않았지요.

"오늘 이사하기는 다 틀렸다."

해가 기울자, 아빠와 엄마가 한숨을 푹 쉬며 말했습니다.

〈생활 이야기〉 '이사 가는 날'

＊사공: 배를 부리는 일을 직업으로 하는 사람.

웅성

웅성

어휴….

　여러 의견을 합쳐 하나의 의견으로 모으는 능력도 리더로서 갖춰야 할 능력입니다. 소신도 필요하지만 중재하고 통합하여 좋은 방향으로 끌고 나가는 것도 리더에게 꼭 필요한 자질이지요.

[비슷한 속담]
목수가 많으면 집을 무너뜨린다
목수가 많으면 기둥이 기울어진다
(위의 두 속담 모두, 여럿이 일하는데 의견이 너무 많으면 도리어 일을 망친다는 말.)

우물 안 개구리

사회의 형편을 모르는, 견문이 좁은 사람을 일컫는 말.

숲 속 동물들이 원숭이를 왕으로 뽑았습니다.

'원숭이가 왕이 되다니. 말도 안 돼.'

원숭이를 잘 알고 있는 여우는 이해할 수 없다는 듯 고개를 흔들었습니다.

그러던 어느 날, 여우가 원숭이를 찾아와 말했습니다.

"원숭이님, 제가 숲 속에서 보물을 발견했거든요. 함께 가서 그 보물을 구경하실까요?"

원숭이는 팔짝팔짝 뛰면서 기뻐했습니다.

"자, 여깁니다. 이 속에 보물이 들어 있습니다."

여우의 말이 채 끝나기도 전에 원숭이가 서둘러 앞발을 쑥 집어넣었습니다.

"악! 이게 뭐야?"

그곳에는 덫이 있었던 것입니다. 원숭이의 비명에 동물들이 몰려왔습니다.

"보십시오. 여러분이 어떤 왕을 뽑았는지."

여우의 말에 동물들이 혀를 쯧쯧 차며 말했습니다.

"앞뒤 상황을 따져 보지도 않고 보물이란 소리에 앞발을 쑥 집어넣다니!"

원숭이는 고개를 푹 숙이며 눈물을 뚝뚝 흘렸습니다.

"이곳에 덫이 숨겨져 있다는 것도 몰랐지? 왕이라면 숲 속 곳곳을 꿰뚫고 있어야 하는 것 아닐까?"

여우의 말에 원숭이는 아무 말도 하지 못했습니다.

『이솝우화』 '여우와 원숭이'

눈앞의 상황만 보고 섣불리 판단하는 사람은 낭패를 보기 쉽습니다. 글로벌 리더가 되려면 넓은 시야와 생각, 다양한 지식을 갖추어야 합니다. 멀리 내다보고 생각할 수 있는 힘도 필요하고 경험도 많이 쌓아야 하지요.

[비슷한 속담]
감출 줄은 모르고 훔칠 줄만 안다
하나만 알고 둘은 모른다
(위의 두 속담 모두, 사물의 한 측면만 보고 두루 보지 못한다는 뜻으로, 생각이 밝지 못하여 도무지 융통성이 없고 미련하다는 말.)

팥으로 메주를 쑨대도 곧이듣는다

지나치게 남의 말을 무조건 믿는 사람을 놀림조로 이르는 말.

백제 개로왕은 고구려의 침입에 대비하여 국경을 튼튼히 하였습니다.

늘 긴장을 놓치지 않던 개로왕에게 어느 날 도림이라는 승려가 찾아와 말했습니다.

"저는 바둑을 두는 재주가 좀 있으니 이 재주로 왕을 기쁘게 해 드리고 싶습니다."

개로왕은 바둑에 자신이 있던 터라 도림과 바둑을 두었습니다. 하지만 첫 번째 판은 도림의 승리로 끝났습니다.

"여태까지 나를 이긴 사람이 없었는데 이제야 바둑 두는 재미가 나는구나!"

개로왕은 매우 기뻐하며 도림과 자주 바둑을 두었습니다.

그러던 어느 날, 바둑을 두던 도림이 진지하게 말했습니다.

"백제가 융성해지려면 초라한 궁궐을 다시 짓고, 선왕의 무덤을 번듯하게 만들고 큰비에 강물이 넘치지 않도록 둑을 쌓아야 합니다."

고심 끝에 개로왕은 도림의 말대로 하기로 했습니다. 하지만 백제 이곳저곳에서 벌여 놓은 큰 공사 때문에 백성들의 생활은 점점 어려워졌습니다.

백제의 형편이 어려워지자, 도림은 서둘러 고구려 장수왕을 찾아갔습니다. 도림은 장수왕이 보낸 고구려 첩자였던 것입니다.

곧 장수왕은 3만 명의 군대를 이끌고 백제로 쳐들어왔습니다. 개로왕은 뒤늦게 군사를 모으고 싸울 준비를 했지만 이미 때는 늦고 말았습니다.

〈인물 이야기〉 '고구려의 승려 도림'

　친한 사람의 말만 들으면 잘 판단하지 못하고 섣불리 그 말을 따르게 되어 실수로 이어지는 경우가 종종 있습니다. 현명한 리더는 개인의 감정에 휘둘리지 않고 신중하게 생각합니다. 냉정한 사고와 통찰력으로 바른 의견과 그렇지 않은 의견을 잘 분별하고 결정하지요.

[비슷한 속담]
팥을 콩이라 해도 곧이듣는다

부록

🎩 비슷한 속담을 〈보기〉에서 찾아 괄호 안에 넣어 보세요.

• 가는 말에 채찍질 (　　)

• 될성부른 나무는 떡잎부터 알아본다 (　　)

• 사공이 많으면 배가 산으로 간다 (　　)

• 우물 안 개구리 (　　)

• 팥으로 메주를 쑨대도 곧이듣는다 (　　)

> **보기**
>
> ㉠ 달리는 말에 채찍질
> ㉡ 목수가 많으면 집을 무너뜨린다
> ㉢ 푸성귀는 떡잎부터 알고 사람은 어렸을 때부터 안다
> ㉣ 하나만 알고 둘은 모른다
> ㉤ 팥을 콩이라 해도 곧이듣는다

🎩 속담을 넣어 짧은 글을 지어 보세요.

• 고래 싸움에 새우 등 터진다

예 고래 싸움에 새우 등 터진다더니 부부 싸움하고 난 뒤 엄마가 밥을 안 하는 바람에 동생과 나만 쫄쫄 굶고 있다.

 도전!
_____

• 물이 깊어야 고기가 모인다

예 물이 깊어야 고기가 모이듯, 훌륭한 인물들 주위에는 멋진 사람들이 많다.

 도전!
_____

04

우리 사회의 다양한 모습들을 보여 주는 속담

가까운 이웃이 먼 친척보다 낫다

이웃끼리 서로 친하게 지내다 보면 먼 곳에 있는 일가친척보다
더 친하게 되어 서로 도우며 살게 된다는 뜻.

밀레는 〈만종〉, 〈이삭줍기〉를 그린 유명한 화가지만 젊은 시절에는 무명 화가로서 아주 힘겹게 살았습니다. 멀리 있는 친척들에게 도움을 청했지만 친척들은 밀레의 형편을 잘 알지 못했던 까닭에 큰 도움을 주지는 못했습니다.

그러던 어느 날, 점점 추워진 날씨에다 식량도 다 떨어져서 밀레와 밀레의 아이들이 추위와 굶주림에 떨고 있었을 때였습니다.

누군가 밖에서 문을 두들겼습니다. 그는 바로 가까운 곳에 사는 친구 루소였습니다. 루소 역시 밀레처럼 그림을 그리는 화가였지요.

"메리 크리스마스! 크리스마스를 함께 보내려고 왔다네."

루소는 각종 음식과 선물을 한 보따리 들고 왔습니다. 밀레의 가족들은 오랜만에 맛있는 음식을 먹을 수 있었습니다.

"자네, 요즘 그리고 있는 그림은 어떤가? 거의 완성되어 가고 있는가?"

"별 볼 일 없는 그림이라네. 나도 자네처럼 인정받는 화가가 되어야 할 텐데."

"자네는 반드시 훌륭한 화가가 될 것이라네."

"고맙네, 친구. 자네 말만 믿고 열심히 그림을 그리겠네."

루소는 밀레의 재능을 알아보고 가난한 밀레를 돕기 위해 애썼습니다.

어느 날, 루소가 찾아와 반가운 소식을 전했습니다.

"내가 아는 미국인 사업가가 자네 그림이 마음에 든다며 꼭 사고 싶다고 했네."

그러면서 루소는 300프랑을 내밀고 그림 하나를 가리켰습니다. 300프랑이라면 가난한 화가가 쉽게 만질 수 없는 큰돈이었습니다.

그 후 몇 년의 시간이 흘러 밀레는 화가로서 이름을 떨치게 되었습니다. 어느 날 밀레가 루소의 집을 찾아갔습니다.

"아니, 저 그림은?"

밀레가 발견한 것은 바로 아주 오래 전 미국인 사업가가 사 갔다는 자신의 그림이었습니다.

"자네가 오기 전에 그 그림을 치운다는 게 그만……. 자넬 동정해서 산 게 아니라네. 난 정말 저 그림이 좋아서 샀다니까. 그리고 자네 같은 대 화가의 그림을 300프랑에 가지게 되었다니. 얼마나 큰 영광인가."

밀레는 루소의 두 손을 덥석 잡으며 뜨거운 눈물을 흘렸습니다.

〈인물 이야기〉 '밀레와 루소'

가깝게 지내고 싶은 친구와 이웃이 있어서 마음을 터놓고 더불어 살아가는 사람이 있는 반면 주위에 믿고 의지할 만한 친구도 없이 옆집에 누가 사는지도 모른 채 무관심 속에서 살아가는 사람도 있습니다. 마음을 열고 다가가면 나의 삶은 더 풍요로워진다는 걸 잊지 마세요.

[비슷한 속담]
먼 사촌보다 가까운 이웃이 낫다
지척의 원수가 천 리의 벗보다 낫다

가재는 게 편

모양이나 형편이 서로 비슷하고 인연이 있는 것끼리
서로 잘 어울리고, 사정을 봐주며 감싸 주기 쉽다는 말.

한 농부가 산길을 가다 함정에 빠진 호랑이를 보았습니다.

"농부 아저씨, 살려 주시면 이 은혜는 꼭 잊지 않을게요."

"날 해치지 않겠다는 약속을 하면 꺼내 줄게."

"절 구해만 주신다면 죽을 때까지 이 은혜를 잊지 않겠습니다."

하지만 호랑이는 꺼내 주자마자 농부에게 달려들었습니다. 자신을 구해 준
농부를 잡아먹으려고 했지요.

"억울하지만 네가 날 잡아먹겠다니 어쩔 수 없지. 죽기 전에 재판이나 한번
받아 보자."

마침 토끼 한 마리가 지나가고 있었습니다. 이야기를 다 듣고 난 토끼는 고
개를 갸웃거리며 말했습니다.

"글쎄요. 어떻게 된 일인지 자세히 보여 주세요."

배가 무척 고팠던 호랑이는 빨리 재판을 끝내고 싶어서 함정 속으로 펄쩍 뛰
어 들어갔습니다.

"아하! 이제 원래대로 되었으니 농부님 마음대로 하세요."

토끼의 말에 호랑이는 그제야 자신이 실수했다는 것을 깨달았습니다.

"농부님은 나를 해치지 않을 게 분명해. 하지만 호랑이 너는 나를 잡아먹을
게 분명하니까 꺼내 줄 수 없어!"

호랑이는 함정 속에서 울부짖었지만 아무도 꺼내 주지 않았답니다.

〈우리나라 옛이야기〉 '토끼의 재판'

작은 집단이든 큰 집단이든 다양한 사람들과 만나다 보면 사정이 비슷한 사람들끼리 더 잘 어울리게 되고 중요한 순간에 편을 들어 주기 마련입니다. 호랑이 앞에서 토끼와 농부는 둘 다 약자이기 때문에 토끼는 호랑이가 아닌 농부를 구해 준 것이지요.

[비슷한 속담]

솔개는 매 편 | 이리가 짖으니 개가 꼬리를 흔든다
같은 깃의 새는 같이 모인다
(위의 속담들 모두, 동류끼리는 서로 잘 어울리게 된다는 뜻.)

간에 붙었다 쓸개에 붙었다 한다

자기에게 조금이라도 이득이 되면 인격, 체면을 생각하지 않고
아무에게나 아첨한다는 뜻.

먼 옛날 길짐승*과 날짐승* 들 사이에 격렬한 전쟁이 있었습니다.

박쥐는 어느 편도 들지 않고 누가 이기는지를 내내 지켜보며 결과를 기다리
고 있었습니다.

날짐승들이 길짐승들을 이기고 있자 박쥐는 얼른 날짐승 편에 붙었습니다.

"나에게도 너희들처럼 날개가 있어. 그러니까 난 당연히 너희들 편이지."

그러나 얼마 지나지 않아 이번에는 길짐승들이 이기기 시작했습니다. 박쥐
는 얼른 길짐승 편에 붙었습니다.

"나는 이빨도 있고, 발바닥과 젖꼭지도 있어. 그러니 난 길짐승이 틀림없어."

그런데 상황은 다시 역전되더니 날짐승의 승리가 이어지고 있었습니다. 그
러자 박쥐는 잽싸게 날짐승 편으로 날아갔습니다.

"예끼, 못된 박쥐 같으니라고! 너 같은 동물은 필요 없어!"

날짐승은 박쥐를 쫓아냈습니다. 쫓겨난 박쥐가 이번에는 길짐승 쪽으로 갔
으나 길짐승들도 마찬가지였습니다.

"우리는 너 같은 기회주의자는 필요 없어!"

그 후 박쥐는 어두운 굴이나 나무 구멍에서 살며 어둠이 깔릴 즈음에만 밖으
로 나와 활동하였습니다. 들킬까 봐 조심하면서 말이죠.

〈톨스토이 우화〉 '박쥐의 선택'

* 길짐승: 걷거나 기어 다니는 짐승.
* 날짐승: 날아다니는 짐승.

기회주의자는 확고한 주관이나 원칙이 없이 그때그때의 상황이나 세력에 따라 이로운 쪽으로 움직이는 사람을 말해요. 어디에나 자기 이득에 따라 이리 붙었다 저리 붙었다 하는 사람이 있기 마련입니다. 그런 행동은 남들에게 환영받지 못하고 그런 사람들은 결국 소외당하게 됩니다.

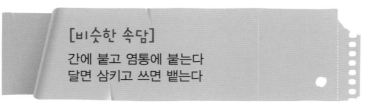

[비슷한 속담]
간에 붙고 염통에 붙는다
달면 삼키고 쓰면 뱉는다

미꾸라지 한 마리가 온 웅덩이를 흐려 놓는다

한 사람의 좋지 않은 행동이 그 집단 전체나 여러 사람에게
나쁜 영향을 미친다는 뜻. 아무에게나 아첨하는 사람에게도 쓰임.

어느 날, 여우는 승냥이가 노루를 잡아먹으려고 하는 것을 보았습니다.

여우는 얼른 근처 숲에 있는 늑대에게 달려가 말했습니다.

"늑대님, 저쪽 숲에서 승냥이 녀석이 노루를 잡아먹으려고 하고 있어요. 용
감하신 늑대님이 얼른 가서 빼앗아 먹으세요."

늑대는 여우의 말에 우쭐해졌습니다. 하지만 늑대는 승냥이에게 달려가 싸
움을 걸었지만 실컷 얻어터지기만 했습니다.

그러자 숨어 있던 여우가 승냥이에게 쪼르르 다가가 말했습니다.

"승냥이님, 정말 싸움을 잘하시는군요. 제게도 노루 고기를 좀 나눠 주세요."

그때 저쪽에서 늑대가 친구들을 잔뜩 데리고 몰려왔습니다. 그것을 본 승냥
이는 노루 고기를 팽개치고 산 너머로 도망쳤습니다.

그러자 여우는 얼른 늑대에게 달려가 말했습니다.

"역시 늑대님이 최고라니까요. 어서 이 노루 고기를 드세요."

여우는 꼬리를 살랑살랑 흔들며 늑대의 비위를 맞췄습니다.

그 모습을 지켜보고 있던 올빼미가 여우를 내려다보며 혀를 끌끌 찼습니다.

"여우야, 넌 자존심도 없니? 네 모습이 정말 꼴사납구나."

여우는 얼굴이 빨개져서는 아무 말도 못 했습니다.

〈우리나라 옛이야기〉 '줏대 없는 여우'

어느 사회에나 눈살을 찌푸리게 하는 행동을 하여 분위기를 흐려 놓는 사람이 있습니다. 이런 행동을 계속한다면 결국 주위 사람 모두에게 손가락질을 당하게 될 거예요. 혹시 나도 한 마리 미꾸라지 또는 비겁한 여우처럼 행동하고 있진 않은지 한번 생각해 보세요.

[비슷한 속담]
미꾸라지 한 마리가 한강 물을 다 흐리게 한다
송사리 한 마리가 온 강물을 흐린다
실뱀 한 마리가 온 바다를 흐리게 한다

믿는 도끼에 발등 찍힌다

잘될 거라고 믿고 있던 일이 틀어지거나 믿고 있던 사람이
배신하여 해를 입게 되었을 때 흔히 쓰는 말.

키다리 기린이 과일을 사려고 시장에 갔습니다.

많은 과일 가게가 있었지만 기린은 망설이지 않고 단골집인 너구리네 가게로
향했습니다.

"속이 빨갛게 잘 익은 수박을 사고 싶어요."

기린의 말에 너구리가 자신 있게 말했습니다.

"제가 빨갛게 잘 익은 걸 하나 골라 드리지요. 자, 이걸 사세요."

"만약 안 익었으면 어떻게 하지요?"

"당연히 바꿔 드리지요. 단골손님인데 그 정도도 못 해 주겠습니까?"

기린은 수박을 자전거 뒤에 싣고 집으로 향했습니다. 그런데 가는 길에 돌부
리에 걸려 자전거가 넘어지는 바람에 수박이 굴러떨어져 깨지고 말았습니다.

흙이 묻지 않은 부분이라도 가져가기 위해 가만히 봤더니 수박의 속이 전혀
빨갛지 않았습니다. 기린은 화가 나서 너구리에게 달려가 따졌습니다.

"빨갛게 잘 익은 수박이라더니, 이게 뭐요? 그리고 안 익었으면 바꿔 준다고
했으니 다른 걸로 바꿔 주시오."

그러자 너구리가 태연한 얼굴로 대답했습니다.

"사람도 놀라면 얼굴이 하얗게 질리지 않습니까? 수박도 자전거에서 떨어질
때 엄청 놀랐던 거지요. 그러니 수박은 바꿔 줄 수 없습니다."

기린은 하도 기가 막혀 할 말을 잃었습니다.

〈창작동화〉 '너구리네 과일 가게'

당장 눈앞의 이익 때문에 자신을 믿어 준 사람에게 오히려 해를 입히고 배신하는 사람이 많이 있습니다. 내 주위 사람들이 믿을 만한 사람인지 잘 살펴보고 조심하는 것도 현명하게 사는 방법 중 하나입니다.

[비슷한 속담]

믿었던 돌에 발부리 채었다 | 믿는 나무에 곰팡이 핀다
(위의 두 속담 모두, 잘되리라고 믿고 있던 일에 생각지 못한 변화가 생겼다는 뜻.)

열 길 물속은 알아도 한 길 사람 속은 모른다
(사람의 속마음을 알기란 매우 힘들기 때문에 사람은 지내 봐야 안다는 뜻.)

아는 길도 물어 가랬다

비록 잘 아는 일이라도 세심한 주의를 기울여서 실수가 없도록 해야 한다는 뜻.

나귀 한 마리가 넓은 풀밭에서 한가로이 풀을 뜯어 먹고 있었습니다.

그때 몹시 배가 고픈 늑대가 나귀를 잡아먹으려고 살금살금 다가왔습니다. 늑대가 다가오는 것을 알아차렸을 땐 이미 너무 늦어 버린 뒤였습니다.

'이 일을 어쩌지? 지금 도망친다 해도 저 날쌘 늑대에게 금방 잡히고 말 거야.'

고민을 하던 나귀에게 좋은 생각이 떠올랐습니다.

'옳지! 그렇게 하면 되겠다.'

나귀는 갑자기 한쪽 다리를 절뚝거리며 절름발이 시늉을 했습니다.

이 모습을 본 늑대가 고개를 갸웃거리더니 이상한 듯 물었습니다.

"너 왜 다리를 저는 거니?"

"조금 전에 울타리를 뛰어넘다가 그만 가시나무에 찔리고 말았거든요."

나귀는 잔뜩 찌푸린 얼굴로 엄살을 피우며 대답했습니다.

"저야 뭐 지금 당장 늑대님의 밥이 되어도 좋지만, 한 가지 걱정이 있어요. 늑대님이 저를 잡아먹다가 제 발굽에 박힌 가시에 목이 찔릴 것 같아서요. 그 가시는 아주 크고 단단해서 한 번 목에 걸리면 빼기가 힘들거든요."

"그게 정말이냐?"

"그러니까 저를 잡아먹기 전에 이 가시부터 빼는 게 좋을 거예요."

늑대는 나귀의 뒤쪽으로 갔습니다. 그러더니 나귀의 뒷발을 들고 조심스레 발굽을 살피기 시작했습니다.

"가시가 어디 있지? 가시 같은 건 보이지도 않는데?"

그 틈을 타 나귀는 있는 힘을 다해 뒷발로 늑대의 얼굴을 걷어찼습니다. 얼굴을 세게 얻어맞은 늑대는 정신을 잃은 채 뒤로 나동그라졌습니다. 나귀는 쏜살같이 달아났습니다.

한참 후, 정신을 차리고 일어난 늑대가 이렇게 중얼거렸습니다.

"내가 왜 나귀를 조금도 의심하지 않았지?"

『이솝우화』 '나귀에게 속은 늑대'

지금까지 해 온 일을 성공적으로 마무리하려면 잘 아는 것도 신중하게 검토한 다음에 행동으로 옮겨야 합니다. 믿고 방심했다가는 실수를 해서 놓칠 수도 있으니 끝까지 조심해야 해요.

[비슷한 속담]
얕은 내도 깊게 건너라
돌다리도 두들겨 보고 건너라

원수는 외나무다리에서 만난다

꺼리고 싫어하는 대상을 피할 수 없는 곳에서 공교롭게
만나게 되는 경우를 이르는 말.

어느 날, 깜장 염소가 외나무다리를 건너고 있었습니다. 건너편에서는 하얀 염소가 외나무다리를 건너고 있었지요.

두 마리 염소는 외나무다리 가운데에서 딱 마주쳤습니다.

"저리 비켜! 내가 먼저 건너기 시작했단 말이야."

깜장 염소가 말하자 하얀 염소도 질세라 소리를 질렀습니다.

"흥! 누가 할 소리! 먼저 건너기 시작한 건 바로 나란 말이야."

두 염소는 서로 비키라면서 싸움을 시작했습니다. 뿔을 맞대고 밀려나지 않으려고 힘을 줄 때마다 다리가 흔들렸습니다.

"잠깐만! 이런 데서 서로 싸워서 떨어지면 큰일이야."

깜장 염소의 말에 하얀 염소도 고개를 끄덕였습니다.

"우리는 서로 원수 사이이긴 하지만 죽는 것보다는 그래도 사는 게 낫겠지?"

"그럼, 그럼!"

두 염소는 잠시 싸움을 멈추고 생각에 잠겼습니다.

"내가 몸집이 좀 크니까 쪼그리고 앉을 테니, 내 등을 밟고 먼저 건너가."

"고마워. 다음에 우리가 이 외나무다리에서 또 만나게 되면 그때는 내가 쪼그리고 앉을게."

두 마리 염소는 아무 탈 없이 외나무다리를 무사히 건넜습니다.

『이솝우화』 '외나무다리에서 만난 두 마리 염소'

　세상을 살아가다 보면 내가 미워하는 사람과도 힘을 합쳐야 될 때가 있습니다. 내 마음에 들지 않는다고 무작정 미워하거나 적으로 두지 말고 관계를 개선시키기 위해 조금씩 노력해 보세요.

[비슷한 속담]
외나무다리에서 만날 일이 있다

벙어리 냉가슴 앓듯

딱한 사정이 있어도 남에게 말하지 못하고 혼자 속으로
애태워하는 경우를 비유적으로 이르는 말.

박쥐와 가시나무와 갈매기가 모여서 공동으로 사업을 하기로 했습니다.

박쥐가 먼저 앞으로 나서며 말했습니다.

"나는 아는 사람들이 많으니까 돈을 빌리기 쉬울 거야."

그러자 옷을 많이 가지고 있던 가시나무가 말했습니다.

"그렇다면 우리 옷 장사를 해 보는 게 어때? 나는 옷이 많으니까 그걸 팔면
될 것 같아."

그러자 갈매기가 손뼉을 치면서 말했습니다.

"나는 눈이 좋으니까 바닷가에 가서 파도에 휩쓸려 온 물건을 찾아볼게. 그
중에서 쓸 만한 것들을 모아 와서 함께 팔면 되겠다."

박쥐와 가시나무는 좋은 생각이라며 손뼉을 쳤습니다.

얼마 후에 많은 양의 물건들을 모으게 되어서 박쥐와 가시나무와 갈매기는
배를 빌려 장삿길에 올랐습니다. 하지만 불행히도 배는 폭풍우를 만나 물속에
가라앉고 말았습니다.

그 후부터 갈매기는 잃어버린 물건들이 어딘가에 떨어져 있지 않을까 바닷가
를 뒤지며 돌아다니게 되었습니다. 또 박쥐는 돈을 빌려준 사람을 혹시 만나게
될까 두려워서 문밖을 잘 나가지 못했습니다. 가시나무는 잃어버린 옷을 찾을
수 있지 않을까 하여 자꾸만 지나가는 사람들의 옷을 붙잡게 되었다고 합니다.

『이솝우화』 '박쥐와 가시나무와 갈매기의 사업'

잘하고 싶지만 내 의지와는 상관없이 일이 잘 안 되는 경우가 있습니다. 그건 내가 실력이 없어서가 아니니 누구를 탓하기보다는 마음을 비우고 그 상황을 받아들이는 것이 좋습니다. 그런 다음 홀홀 털고 다시 도전해 보는 거지요.

[비슷한 속담]

우황* 든 소 앓듯
(가슴속의 분을 이기지 못하여 어쩔 줄 모르고 괴로워함을 비유적으로 이르는 말.)

＊우황: 소의 쓸개 속에 병으로 생긴 덩어리.

숭어가 뛰니까 망둥이도 뛴다

제 분수나 처지는 생각하지 않고 남이 한다고 하니까
분별없이 덩달아 따라나섬을 비유적으로 이르는 말.

따뜻한 봄날이었습니다.

"이 당나귀가 일하기 싫으니까 엄살을 피우고 있네."

농부의 말에 당나귀는 무척 속상했습니다.

그때 강아지가 농부의 뒤를 졸졸 따라다니며 꼬리를 살래살래 흔들었습니다.

'나는 어제도 하루 종일 짐을 실어 나르고도 칭찬 한마디 받지 못했어. 그런데 저 강아지는 별로 하는 일도 없는데 주인에게 사랑을 듬뿍 받고 있네.'

당나귀는 강아지가 어떻게 하는지 살펴보기로 했습니다.

강아지는 계속 주인 뒤를 쫓아다녔습니다. 주인이 잠깐 앉아 있으면 쪼르르 달려가 주인의 손등을 핥았습니다. 그럴 때마다 주인은 귀엽다는 듯 강아지의 머리를 쓰다듬어 주었습니다.

이 광경을 마구간에서 지켜보던 당나귀는 고개를 끄덕였습니다.

'나도 저렇게 한번 해 볼까? 그러면 주인도 나를 귀여워해 줄 거야.'

점심때가 되자 주인이 마구간으로 왔습니다. 당나귀는 강아지가 하던 대로 주인의 손등을 핥고 머리를 주인의 얼굴에 대고 흔들었습니다. 그리고 강아지가 멍멍 했던 것처럼 힝힝 소리를 지르기도 했습니다.

"아니, 이 당나귀가 미쳤나? 왜 이러는 거야?"

주인은 화가 나서 커다란 작대기로 당나귀의 등을 내리쳤습니다.

『이솝우화』 '시샘 많은 당나귀'

남이 하는 일이 보기 좋다고, 무작정 따라 하는 것은 어리석은 행동입니다. 분별력을 가지고 소신껏 행동해야 하지요. 평소 깊이 있게 생각하는 습관이 필요하고 내 생각을 잘 정리해 두면 중요한 결정을 내릴 때 큰 도움이 됩니다.

[비슷한 속담]

거문고 인 놈이 춤을 추면 칼 쓴 놈도 춤을 춘다
(자기는 도저히 할 만한 처지가 아닌데도 남이 하는 일을 덩달아 흉내 내다가 웃음거리가 됨을 비유적으로 이르는 말.)

남의 말 다 들으면 목에 칼 벗을 날 없다
(남의 말을 너무 잘 듣고 순종만 하면 낭패 보는 일이 많다는 뜻으로, 꼭 자기가 들어야 할 말만 들어야 한다는 말.)

부록

비슷한 속담을 〈보기〉에서 찾아 괄호 안에 넣어 보세요.

• 가까운 이웃이 먼 친척보다 낫다 (　　)

• 가재는 게 편 (　　)

• 믿는 도끼에 발등 찍힌다 (　　)

• 아는 길도 물어 가랬다 (　　)

• 숭어가 뛰니까 망둥이도 뛴다 (　　)

> **보기**
>
> ㉠ 솔개는 매 편
> ㉡ 믿었던 돌에 발부리 채었다
> ㉢ 거문고 인 놈이 춤을 추면 칼 쓴 놈도 춤을 춘다
> ㉣ 먼 사촌보다 가까운 이웃이 낫다
> ㉤ 돌다리도 두들겨 보고 건너라

 속담을 넣어 짧은 글을 지어 보세요.

• 간에 붙었다 쓸개에 붙었다 한다

예 내가 제일 싫어하는 아이는 **간에 붙었다 쓸개에 붙었다** 하는 지조 없는 아이들이다.

 도전!
_____

• 원수는 외나무다리에서 만난다

예 **원수는 외나무다리에서 만난다**더니, 내가 제일 싫어하는 찬수가 내 짝이 되었다.

 도전!
_____

05

계획과 실천의
중요성을 알려 주는 속담

고양이 목에 방울 달기

실행하기 어려운 것을 공연히 의논한다는 뜻.

　고양이가 날마다 쥐를 잡아 갔습니다. 쥐들은 하루도 마음 편히 살 수가 없었습니다. 언제 잡혀갈지 모르는 불안한 나날이 계속되었습니다.

　드디어 쥐들이 회의를 열었습니다.

　가장 나이가 많은 할아버지 쥐가 수염을 달싹이며 말했습니다.

　"요즘 고양이에게 물려서 죽은 쥐들이 얼마나 되는지 알고 계십니까?"

　"모두 열여섯입니다."

　"이러다가 우리 쥐들은 하나도 남김없이 모두 죽고 말 거예요."

　"고양이가 다가온다는 것만 재빨리 알아차려도 목숨은 건질 수 있는데……."

쥐들은 머리를 맞대고 이 궁리 저 궁리를 했습니다.

"에이, 뭘 그렇게 어렵게 생각해요? 고양이 목에 방울을 달면 되잖아요."

그때 장난꾸러기 어린 쥐가 큰 소리로 말했습니다.

이 말을 들은 쥐들은 박수를 치며 좋아했습니다.

"그렇게만 하면 고양이가 오는 걸 미리 알고 피할 수 있겠어요."

"야호! 만세! 이제 살았다!"

쥐들은 환호성을 지르며 펄쩍펄쩍 뛰었습니다.

그때였습니다. 조용히 앉아 있던 할아버지 쥐가 일어났습니다.

"그런데 방울은 누가 달지?"

이 말에 쥐들은 조용해졌습니다. 모두들 고개를 푹 숙인 채 아무 말도 하지 않았습니다. 그러더니 서로 눈치를 살피며 슬금슬금 자리를 피했습니다.

『이솝우화』 '고양이 목에 방울 달기'

아무리 좋은 생각이라도 실행할 수 없으면 아무 소용이 없습니다. 현실적으로 불가능한 일을 성취하기 위해 시간과 노력을 낭비하지 않으려면 가장 먼저, 실행에 옮길 수 있는 계획을 세우는 것이 중요해요.

[비슷한 속담]
호랑이 꼬리에 깡통 달기
바늘구멍으로 코끼리를 몰라 한다
(작은 바늘구멍으로 엄청나게 큰 코끼리를 몰라고 한다는 뜻으로, 전혀 가능성이 없는 일을 하라고 강요하는 경우를 비유적으로 이르는 말.)

구슬이 서 말이라도 꿰어야 보배

아무리 훌륭하고 좋은 것이라도 다듬고 정리하여
쓸모 있게 만들어 놓아야 값어치가 있다는 말.

옛날 우리나라에는 곡식을 저장해 두었다가 흉년에 빌려주는 '의창'이라는
기관이 있었습니다.

가난한 홍 생원은 곡식을 빌리기 위해 아전들이 일을 보는 길청을 찾아갔습
니다.

"홍 생원, 어찌 오셨소?"

이방은 누덕누덕 기운 옷에 헌 망건을 눌러 쓴 홍 생원을 보고도 양반이기
때문에 깍듯이 존댓말을 했습니다.

"다름이 아니라 나라 곡식을 좀 얻을까 해서 왔는데 사정이 어떤지요?"

"갚을 길 없는 가난한 양반이 귀중한 나라 곡식을 어쩌자고 달라 하시오."

"의창은 곡식을 저장해 두었다가 가난한 사람에게 빌려주는 곳이 아니오?"

"그렇습니다만, 갖다 먹고 갚을 능력이 없는 사람에게 나라 곡식을 꾸어 주
었다가 거두어들이지 못하면 우리에게도 책임이 있소이다. 또 꾸어 간 사람도
갚지 못하면 벌을 받기 때문에 함부로 내어 드릴 수가 없소. 게다가 가난한 사
람을 구제하는 일은 끝이 없는데 갚지 못하는 사람만 늘어 가면 창고는 텅 비
게 되고 의창은 없어지게 될 것이오."

결국 빈손으로 길청을 나온 홍 생원은 쓸쓸하게 웃으며 말했습니다.

"허허, 가난한 사람 돕겠다고 만든 의창이 돕기는커녕 도리어 내쫓는군."

〈우리나라 옛이야기〉 '홍 생원의 깨달음'

    아무리 좋은 조건이 마련되었어도 그 의도와 목적에 맞게 제대로 쓰이지 않는다면 의미가 없습니다. 어떤 일이건 맨 처음의 의도와 목적이 무엇인지 항상 기억하고 행동한다면 오용되고 왜곡되는 일은 사라질 거예요.

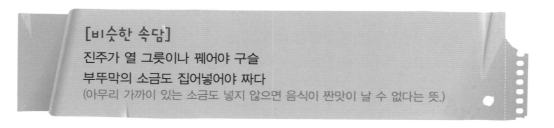

[비슷한 속담]
진주가 열 그릇이나 꿰어야 구슬
부뚜막의 소금도 집어넣어야 짜다
(아무리 가까이 있는 소금도 넣지 않으면 음식이 짠맛이 날 수 없다는 뜻.)

소 잃고 외양간 고친다

평상시에 준비를 소홀히 하고 있다가 일이 잘못된 뒤에는 손을 쓰고 뉘우쳐도 소용이 없다는 뜻.

초가집 처마 밑에 제비 가족이 살고 있었습니다.

제비 부부는 부지런히 먹이를 물어 와 어린 새끼들을 먹였습니다. 둥지 속에는 알에서 깬 지 얼마 안 된 어린 새끼들이 다섯 마리나 있었습니다.

그날도 제비 부부는 일찌감치 먹이를 구하러 나섰습니다.

그런데 먹이를 가지고 둥지로 돌아와 보니 새끼들이 한 마리도 없었습니다. 먹이를 구하러 간 사이에 뱀이 기어 올라와서 새끼 제비들을 모두 잡아먹은 것이었습니다.

제비 부부는 눈물을 흘리며 슬퍼했습니다.

그런데 갑자기 아빠 제비가 무슨 생각을 했는지 밖으로 날아가더니 가시나무의 가지를 물어 와 둥지 아래쪽에 울타리를 쌓기 시작했습니다. 아빠 제비는 쉬지 않고 나뭇가지를 물어 왔습니다.

"여보, 이젠 걱정 없어. 뱀이 다시는 우리 둥지를 넘보지 못할 거야."

그러자 엄마 제비가 한심하다는 듯 말했습니다.

"이제 와서 울타리를 쳐 놓으면 무슨 소용이에요? 새끼들은 이미 다 죽었는데……."

엄마 제비는 슬피 울며 말했습니다.

"뱀이 둥지를 넘보니 무슨 방도를 세우자고 할 때는 듣는 척도 안 하더니만."

엄마 제비의 핀잔에 아빠 제비는 아무 말도 하지 못했습니다.

〈우리나라 옛이야기〉 '어리석은 제비 아빠'

지금까지 아무 일도 일어나지 않았더라도 미리 준비하고 대비를 한다면 큰일이 발생했을 때 현명하게 대응할 수 있습니다. 방심했다간 속수무책으로 당할 수 있으니 그때 후회하지 말고 미리 준비하는 것이 좋아요.

[비슷한 속담]

도둑맞고 사립문 고친다

호랑이 보고 창구멍 막기

(막상 위험한 일을 당하고서야 눈가림용으로 대책을 세운다는 뜻.)

쇠뿔도 단김에 빼랬다

어떤 일이든지 하려고 생각했으면 망설이지 말고
곧 행동으로 옮기라는 뜻.

한 남자가 작은 배를 갖고 있었습니다. 해마다 여름이면 가족들과 함께 호수로 나가 배를 타면서 낚시도 하고 물놀이를 하였습니다.

그해 여름이 끝나 갈 즈음, 배를 호숫가로 끌어다 놓고 덮개를 씌우려는데 배의 밑바닥에 엄지손가락이 들락날락할 만한 구멍이 나 있었습니다.

'구멍이 별로 크지 않으니까 타기 전에 고쳐야겠다.'

하지만 남자는 구멍 생각은 까맣게 잊어버리고 칠장이를 시켜서 페인트칠만 다시 해 놓았습니다.

해가 바뀌어 여름이 되자 아이들은 배를 타고 싶어 안달이 났습니다.

아이들이 배를 끌고 호수로 나간 한참 뒤에야 남자는 배의 구멍이 생각났습니다.

'아이들은 아직 수영도 잘하지 못하는데. 만약 구멍에 물이 들어와 배가 가라앉으면……'

남자는 허둥지둥 호수를 향해 달려갔습니다.

그런데 저 멀리서 아이들이 아무 일도 없다는 듯 해맑게 웃으며 돌아오고 있었습니다. 남자는 아이들을 부둥켜안고 펑펑 울었습니다.

"배를 수리해 놓는다는 걸 깜박 잊고, 얼마나 애가 탔는지 모른다."

알고 보니 배의 구멍은 페인트칠을 했던 칠장이가 수리한 것이었습니다.

남자는 칠장이를 찾아가 고맙다는 인사를 수십 번도 더 했습니다.

『탈무드』 '아주 작은 일'

어떤 일을 해야겠다고 생각했으면 칠장이처럼 망설이지 말고 바로 해치워야 해요. 훗날 문제가 될 수 있고 위험 요소가 될 수 있는 일은 특히 더 그렇지요. 꼭 해야 할 일을 뒤로 미루면 나중에 더 큰 고통을 받을 수 있습니다.

[비슷한 북한 속담]

쇠는 단김에 벼려야* 한다
(어떤 일이든지 하려고 생각했거나 또는 한창 열이 올랐을 때 망설이지 말고 곧 바로 행동으로 옮겨야 함을 비유적으로 이르는 말.)

* 벼리다: 두들겨서 날카롭게 만들다.

우물에 가 숭늉 찾는다

성미가 급하여 일의 절차도 무시하고 터무니없이 재촉하거나 서두를 때를 이르는 말.

학교가 끝나고 집에 가는 길입니다. 소연이는 단짝 친구인 민주의 손을 분식집으로 잡아끌었습니다.

"민주야, 나 어제 용돈 받았어. 떡볶이 먹고 가자."

다른 때 같으면 좋아서 입을 헤 벌렸을 텐데 민주가 곤란한 낯빛을 띠었습니다.

"미안! 집에 일찍 가야 해. 이모가 아기를 낳았는데 얼마나 예쁜지 몰라."

그러면서 민주는 아기 사진을 꺼내 보여 주었습니다.

소연이는 터덜터덜 집으로 돌아왔습니다. 집에는 고모가 데리고 온 손님이 와 있었습니다.

"고모! 이제 정말 남자 친구가 생긴 거야?"

소연이는 신이 나서 물었습니다.

"같은 과 친구야. 함께 해야 될 과제가 있어서 우리 집으로 온 거야."

소연이는 쪼르르 고모 방으로 들어갔습니다.

"고모! 조금 있으면 나에게도 예쁜 동생이 생기겠네. 귀여운 아기는 언제 낳아 줄 거야?"

그러자 고모가 기가 막힌다는 듯 피식 웃으며 말했습니다.

"박소연! 너 혼자 너무 앞서간다."

소연이는 자신의 말이 멋쩍었는지 머리를 긁적였어요.

〈창작동화〉'동생이 생겼으면 좋겠어'

고모, 나처럼
예쁜 동생으로 부탁해!

　모든 일에는 적당한 절차와 순서가 있습니다. 일의 순서를 생각하지 않고 이치에 맞지 않는 것을 생각하거나 요구하는 것은 주변 사람들을 불편하게 만들 수 있어요. 그러니 차분히 생각해서 말하고 행동해야 하지요.

[비슷한 속담]

싸전에 가서 밥 달라고 한다 | 콩밭에 가서 두부 찾는다
(위의 속담들 모두, 몹시 성급하게 행동한다는 말.)

찰떡이 먹고 싶다고 생쌀로야 먹으랴
(아무리 급하더라도 거쳐야 할 공정을 제대로 밟지 아니하고서는 일이 될 수 없음을 비유적으로 이르는 말.)

천 리 길도 한 걸음부터

어떤 일이든지 시작을 해야 결과를 얻을 수 있다는 뜻으로,
시작이 크지 않더라도 꾸준히 해 나가는 게 중요하다는 의미.

신앙심이 깊은 한 남자가 말을 타고 한양까지 가게 되었습니다.

한양까지는 천 리 길도 더 되어 남자는 일찍 길을 나섰습니다. 그런데 얼마 가지도 않았는데 그만 말이 길가 도랑에 빠지고 말았습니다.

"신령님, 신령님! 제발 말이 기운을 내게 해 주세요."

그때 신령님이 나타나 남자를 크게 꾸짖었습니다.

"한양 천 리 길을 가려면 먼저 고삐부터 잡고 말에게 채찍질을 하여라. 네가 할 수 있는 데까지 힘을 다해 일을 시작한 다음 기도하는 것이 일의 순서이니라."

신령님의 꾸중을 들은 남자는 힘을 다해 고삐를 잡고 말에게 채찍질을 하였습니다. 그래도 힘이 모자라 땀을 뻘뻘 흘리며 애쓰고 있자 그것을 보고 지나가던 사람들이 하나둘 도와주기 시작했습니다.

마침내 말을 도랑에서 꺼내게 되었고, 남자는 무사히 목적지에 도착할 수 있었습니다.

그 일이 있고부터 남자는 어떤 일이든지 신령님의 말씀대로 한 번 결단 내린 일은 망설이지 않고 정성스럽게 한 걸음을 내디뎠습니다.

그러자 남자가 부지런하며 한번 시작한 일은 끝맺음을 잘한다는 소문이 퍼져 일감이 끊이질 않았습니다. 물론 남자는 알부자가 되었답니다.

〈우리나라 옛이야기〉 '신령님의 꾸중'

아무리 어렵고 힘들고, 시간이 많이 걸리는 일일지라도 처음 한 걸음을 내딛는 순간, 반 이상의 목표를 이룬 것이나 다름없습니다. 과정 없이 좋은 결과만 바라지 말고 하나부터 천천히 실행해 보세요. 그러다 보면 길이 보이고 어느덧 끝을 향해 달려가는 자신을 발견하게 될 거예요.

[비슷한 북한 속담]
천 리 길도 한 걸음씩 걸어서 가 닿는다
천 리 길도 첫 걸음으로 시작된다

호랑이를 잡으려면 호랑이 굴로 들어가야 한다

뜻하는 성과를 얻거나 목적을 이루려면 그에 마땅한
일을 해야 한다는 뜻.

고구려 영양왕 23년, 수나라 양제가 113만여 명에 이르는 대군을 이끌고 고구려를 침략했습니다.

육군의 총사령관인 을지문덕 장군은 군사들의 사기를 높이는 한편 적의 동정을 살펴보고 작전을 짜기 위해 적진으로 들어가려 했습니다. 그러자 많은 부하 장수들이 위험하다며 말렸습니다. 하지만 을지문덕 장군은 거짓 항복 문서를 써서 가슴에 품고 혼자서 수나라 진영으로 들어갔습니다.

'수나라 군사들은 먼 길을 오느라고 피로에 지쳐 있구나. 이들을 더 지치게 하여 반격하면 승리할 수 있겠어.'

"싸움 중에 고구려 장수가 웬일이오?"

수나라 장수 우중문은 의심에 찬 눈빛으로 을지문덕 장군을 바라보았습니다.

"수나라 백만 대군을 당해 낼 수가 없어 여기 우리 임금님의 항복 문서를 가져왔소."

수나라 장수들이 을지문덕을 사로잡아 두려고 하자 을지문덕 장군은 침착하게 말했습니다.

"항복 문서를 가지고 온 사신을 가둔다면 수나라가 어찌 대륙을 통일한 대국이라 할 수 있겠소?"

수나라 장수들은 을지문덕을 돌려보내야 한다느니 을지문덕을 포로로 잡아 놓고 왕을 오라고 해야 한다느니 옥신각신했습니다. 그 틈을 타서 을지문덕 장

군은 적진을 탈출했습니다.

　그 후 을지문덕 장군은 새로운 작전 계획을 세워 수나라 대군을 크게 무찔렀습니다. 이 싸움이 바로 살수대첩입니다.

<인물 이야기> '적진에 들어간 을지문덕 장군'

　목적을 위해서는 무모해 보이더라도 잘 계획하고 준비한 후 과감히 도전하고 실천하는 것도 중요합니다. 용기 있는 사람은 어렵고 위험한 일도 자신의 계획과 가능성을 믿고 용감하게 뛰어듭니다.

[비슷한 속담]

산에 가야 꿩을 잡고 바다에 가야 고기를 잡는다
(꿩은 산에 가야 잡을 수 있고, 고기는 바다에 가야 잡을 수 있다는 뜻.)

호랑이 굴에 가야 호랑이 새끼를 잡는다

비슷한 속담을 〈보기〉에서 찾아 괄호 안에 넣어 보세요.

• 고양이 목에 방울 달기 (   )

• 소 잃고 외양간 고친다 (   )

• 우물에 가 숭늉 찾는다 (   )

• 천 리 길도 한 걸음부터 (   )

• 호랑이를 잡으려면 호랑이 굴로 들어가야 한다 (   )

보기

㉠ 산에 가야 꿩을 잡고 바다에 가야 고기를 잡는다
㉡ 천 리 길도 한 걸음씩 걸어서 가 닿는다
㉢ 콩밭에 가서 두부 찾는다
㉣ 도둑맞고 사립문 고친다
㉤ 호랑이 꼬리에 깡통 달기

 속담을 넣어 짧은 글을 지어 보세요.

• 구슬이 서 말이라도 꿰어야 보배

예 구슬이 서 말이라도 꿰어야 보배라고 했듯이 아무리 많이 알아도 실천하지 않으면 아무 소용이 없다.

 도전!

_____

• 쇠뿔도 단김에 빼랬다

예 내가 영어를 잘하고 싶다고 했더니 어머니는 쇠뿔도 단김에 빼랬다면서 그 길로 영어 학원에 등록을 했다.

 도전!

_____

06

거짓말과 나쁜 습관을
경계하는 속담

거짓말은 십 리를 못 간다

일시적으로 사람을 속일 수는 있지만 오랫동안 시일을 두고 속이지는 못한다는 뜻.

인도의 마하트마 간디는 위대한 영혼이라 불리던 성인입니다.

어느 날, 젊은 여인과 여인의 아들이 간디를 찾아왔습니다.

"이 아이는 간디 선생님을 좋아해서 선생님 말이라면 뭐든지 잘 들을 겁니다. 선생님께서 우리 아이한테 사탕을 먹지 말라고 얘기해 주세요."

간디는 곰곰 생각을 하더니 대답했습니다.

"한 달 후에 오세요. 그러면 그때 말해 주겠습니다."

한 달이 지나 약속한 대로 어머니와 소년이 다시 찾아왔습니다. 그런데 이번에도 간디는 아무 말도 하지 않고 한 달 후에 다시 오라고 했습니다.

또다시 한 달이 흐르고 아들과 어머니가 간디를 찾아왔습니다. 그러자 간디는 두 사람을 환하게 맞이하며 말했습니다.

"얘야, 사탕은 이제 그만 먹는 것이 좋겠구나. 사탕은 이를 썩게 하고 이가 썩으면 매우 아프단다. 나이 들어서도 고생하게 되지."

"선생님, 처음에 저희가 왔을 때 왜 그 말씀을 아이에게 해 주시지 않았던 건가요? 왜 두 달 후에 오라고 하셨는지요?"

어머니의 말에 간디가 웃으며 말했습니다.

"사실은 나도 사탕을 많이 좋아합니다. 그래서 아이한테 사탕을 먹지 말라고 말해 줄 수 없었지요. 사탕을 끊어 보려 했지만 잘 안됐습니다. 하지만 이제는 자신 있게 얘기할 수 있습니다."

〈인물 이야기〉 '간디와 사탕'

간디는 자신을 존경하는 마음으로 멀리서 찾아온 소년에게 거짓말을 할 수는 없었습니다. 거짓말도 경우에 따라서는 도움이 될 수도 있으나 다르게 생각해 보면 자신을 속이는 것이 되기 때문에 간디는 자신은 물론 상대방을 모두 이롭게 할 수 있는 방법을 택한 것이지요.

[비슷한 속담]
꼬리가 길면 밟힌다
거짓말하고 뺨 맞는 것보다 낫다
(좀 무안하더라도 사실을 사실대로 말해야지 거짓말을 하면 안 된다는 말.)

꼬리가 길면 밟힌다

아무리 몰래 해도 나쁜 일을 오래 두고 여러 번 하면 끝내는
들키고야 만다는 뜻.

도시에 나가서 값비싼 비단을 사 온 부자가 단골 양복점을 찾아갔습니다.

"이 비단으로 외투를 잘 만들어 주게."

단골 양복점 주인은 부자의 몸과 비단의 길이를 재더니 말했습니다.

"이 비단으로 외투를 만들려면 조금 모자라는군요."

단골 양복점 주인의 말에 부자는 이상한 생각이 들었지만 할 수 없이 길 건너편에 있는 다른 양복점으로 갔습니다.

얼마 후, 새로 맞춘 외투를 입고 잔칫집에 가던 부자는 깜짝 놀랐습니다. 양복점 주인의 아들이 자기와 똑같은 비단으로 만든 새 외투를 입고 있었거든요.

'내 외투를 만들고 남은 비단으로 자기 아들의 외투를 만들었군.'

그렇게 생각하니 부자는 단골 양복점 주인이 떠올랐습니다.

부자는 부리나케 단골 양복점으로 달려갔습니다.

"길 건너편 양복점 주인은 내 외투를 만들고 남은 비단으로 자기 아들 외투까지 해 입혔네. 그런데 자네는 어째서 비단이 모자란다고 거짓말을 했나?"

그러자 단골 양복점 주인이 씩 웃으며 말했습니다.

"길 건너편 양복점 주인은 아들이 하나지만, 저는 아들이 둘이거든요."

부자는 너무 기가 막혀 입을 딱 벌린 채 아무 말도 하지 못했답니다.

『탈무드』 '왜 옷감이 모자랄까?'

양복점 주인의 행동이 참 뻔뻔하기 짝이 없지요? 자신의 이익을 챙기기 위해 거짓말을 하고 속임수를 쓰면 그동안 쌓아 놓은 신뢰는 모두 잃게 됩니다. 당장의 이익에 눈이 멀어서 어리석게 행동하는 일은 없어야겠어요.

[비슷한 속담]
고삐가 길면 밟힌다
거짓말은 십 리를 못 간다

콩으로 메주를 쑨다 하여도 곧이듣지 않는다

아무리 사실대로 말하여도 믿지 않는 것을 뜻하는 말.

어느 마을에 양치기 소년이 있었습니다.

소년은 언덕에서 혼자 양을 돌보자니 무척이나 심심했습니다. 그래서 장난을 치려고 생각했습니다.

"늑대가 나타났어요! 늑대가 나타났어요!"

마을 사람들은 소년의 고함을 듣고 부리나케 달려왔습니다. 하지만 아무리 둘러봐도 늑대는 보이지 않았습니다.

"심심해서 한번 그래 봤어요."

마을 사람들은 어이없다는 듯 소년을 바라보았습니다.

며칠 후, 양치기 소년은 또다시 마을을 향해 크게 소리쳤습니다.

"늑대가 나타났어요! 늑대가 나타났어요!"

그러자 마을 사람들이 헐레벌떡 언덕을 올라왔습니다.

"늑대가 어디 있어? 어디?"

사람들의 놀란 얼굴을 보자 양치기 소년은 재미있어서 배꼽을 쥐었습니다.

그런데 며칠 후, 진짜 늑대가 나타났습니다. 늑대는 날카로운 이를 드러내고 어린 양에게 달려들었습니다.

"늑대가 나타났어요! 늑대가 나타났어요! 진짜 늑대가 나타났어요!"

마을을 향해 힘껏 소리쳤지만 언덕으로 올라와 소년을 도와주는 사람은 아무도 없었습니다.

『이솝우화』 '양치기 소년'

거짓말을 자주 하는 사람의 말을 과연 누가 믿을까요? 나중에 진실을 말한다 해도 아무도 그 말을 믿어 주지 않을 거예요. 거짓말은 고쳐야 할 나쁜 습관이므로 반드시 고쳐야 합니다. 사소한 거짓말이라도 하지 않도록 해야 해요.

[비슷한 속담]
소금으로 장을 담근다 해도 곧이듣지 않는다
콩 가지고 두부 만든대도 곧이 안 듣는다

못 먹는 감 찔러나 본다

제 것으로 만들지 못할 바에야 남도 갖지 못하게 만들자는
뒤틀린 마음을 이르는 말.

다빗과 스맛이라는 두 여인이 한집에서 행복하게 살고 있었습니다.

그러던 어느 날, 스맛의 아기가 한밤중에 갑작스레 죽었습니다. 그러자 스맛은 다빗이 잠든 사이에 자신의 죽은 아들과 다빗의 아들을 바꾸었습니다.

아침이 되자 다빗은 죽어 있는 아들을 보고 깜짝 놀랐습니다. 간신히 정신을 차리고 살펴보니 죽은 아기는 자신의 아들이 아니고 스맛의 아들이었습니다.

"스맛! 내 아들을 돌려줘."

"무슨 소리야? 이 아기는 내 아기가 틀림없어."

결국 두 사람은 지혜로운 솔로몬 왕을 찾아가 판결을 부탁했습니다.

고심 끝에 솔로몬 왕은 다음과 같은 판결을 내렸습니다.

"칼을 가져와 저 아이를 똑같이 반으로 잘라 두 여인에게 나눠 주도록 해라."

그러자 왕의 말에 스맛이 침착하게 말했습니다.

"예, 좋습니다. 판결대로 아이의 반만 갖도록 하겠습니다."

그러자 다빗이 울부짖으며 말했습니다.

"아닙니다! 저 아기는 제 아들이 아니에요."

그러자 솔로몬 왕은 크게 외쳤습니다.

"여봐라! 스맛은 아이의 엄마가 아니다. 스맛! 저 아이가 진짜로 네 아들이라면 반으로 자르도록 두었겠는가?"

그 말에 스맛은 고개를 조아리고 벌벌 떨었습니다.

『탈무드』 '지혜로운 재판'

어떤 것에 욕심이 있었으나 내 소유가 되지 못했을 때 나쁜 심보로 행동하는 사람들이 있어요. 어차피 내 것이 될 수 없다면 깨끗이 단념하고 포기할 줄 아는 용기도 필요합니다.

[비슷한 속담]
나 못 먹는 밥에 재 집어 넣기
못 먹는 호박 찔러 보는 심사

게으른 선비 책장 넘기듯

게으른 사람이 일은 안 하고 얼마나 했는지 헤아려 보고,
빨리 그 일에서 벗어나고만 싶어 한다는 말.

옛날에 일하기 싫어하는 돌쇠라는 아이가 있었습니다. 무슨 일을 시키면 대충 하기 일쑤였고 하루 종일 일을 하지 않으려고 뺀질거렸습니다.

"돌쇠야, 그렇게 게으르게 살면 소가 된단다."

어머니의 말에 돌쇠가 활짝 웃으며 대답했습니다.

"나는 소가 되고 싶어요. 소가 되면 하루 종일 풀밭에 누워 편하게 풀만 뜯어 먹을 수 있잖아요."

그러던 어느 날, 지나가던 할아버지가 소머리 모양의 탈을 돌쇠에게 주며 말했습니다.

"이게 뭔지 아니? 이걸 쓰면 소로 변하게 된단다. 참 신기한 탈이지?"

돌쇠는 냉큼 탈을 받아 뒤집어썼습니다. 그러자 놀랍게도 돌쇠는 정말 소가 되었습니다.

할아버지는 소가 된 돌쇠를 농부에게 팔면서 당부했습니다.

"이 소는 무를 먹으면 죽으니 조심하시오."

하지만 돌쇠를 집으로 데려간 농부는 돌쇠가 조금이라도 게으름을 피우면 사정없이 매로 쳤습니다.

"이렇게 사느니 차라리 무를 먹고 죽자."

돌쇠가 무를 우걱우걱 씹어 먹자, 점점 소가죽이 벗겨지더니 사람으로 변했습니다. 사람이 된 돌쇠는 그 뒤로 부지런히 일을 하며 살았답니다.

〈우리나라 옛이야기〉 '소가 된 게으름뱅이'

　'일을 하지 않는 자 먹지도 말라'는 말이 있어요. 마땅히 내가 해야 될 일도 하지 않고 게으름을 피우는 사람은 어떤 일이든 제대로 이루어 내기 힘듭니다. 거창하고 대단하지 않아도 내가 해야 될 일이 무엇인지 제대로 알고 책임감 있게 해 나가는 것이 무엇보다 중요합니다.

[비슷한 속담]
게으른 일꾼 밭고랑 세듯
김매기 싫은 놈 밭고랑만 센다

부록

비슷한 속담을 〈보기〉에서 찾아 괄호 안에 넣어 보세요.

• 거짓말은 십 리를 못 간다 (　　)

• 콩으로 메주를 쑨다 하여도 곧이듣지 않는다 (　　)

• 못 먹는 감 찔러나 본다 (　　)

• 게으른 선비 책장 넘기듯 (　　)

> **보기**
>
> ㉠ 꼬리가 길면 밟힌다
> ㉡ 나 못 먹는 밥에 재 집어 넣기
> ㉢ 소금으로 장을 담근다 해도 곧이듣지 않는다
> ㉣ 게으른 일꾼 밭고랑 세듯

속담을 넣어 짧은 글을 지어 보세요.

• 꼬리가 길면 밟힌다

예 　꼬리가 길면 밟힌다고 화장실 벽에 낙서하는 범인을 드디어 잡았다.

 도전!

_____

• 못 먹는 감 찔러나 본다

예 　못 먹는 감 찔러나 보자는 심보를 가진 놀부는 사사건건 흥부를 못살게 굴었다.

 도전!

_____

07

지나친 욕심을 경계하는 속담

가는 토끼 잡으려다 잡은 토끼 놓친다

너무 욕심을 부리면 이미 이룬 일까지 도리어
실패로 돌아간다는 뜻.

먹이를 찾지 못해 오랫동안 굶주린 사자가 어슬렁어슬렁 걸어가고 있었습니다.

배에서는 계속 꼬르륵하고 요란한 소리가 났습니다.

"작은 토끼라도 한 마리 먹었으면 원이 없겠네."

그러다 사자는 커다란 바위 밑에 축 늘어져 있는 뭔가를 발견했습니다.

사자는 발소리를 죽인 채 살금살금 다가갔습니다.

그것은 다름 아닌 토끼였습니다. 토끼는 귀를 축 늘어뜨린 채 콜콜 코까지
골면서 깊은 잠에 빠져 있었습니다.

'으흐흐, 맛있는 먹이가 하늘에서 굴러떨어졌구나. 이렇게 쉽게 잡아먹을 수 있는 기회가 나에게 오다니.'

바로 그때였습니다. 바위에서 조금 떨어진 숲 속에서 나뭇가지가 살며시 흔들렸습니다.

'어, 저건 사슴이잖아?'

살이 통통 오른 사슴은 아무것도 모르는 채 나뭇가지에 달린 열매를 따 먹고 있습니다.

사자는 잠시 망설였습니다.

'내가 이래 봬도 동물의 왕인데. 토끼보다는 사슴이 훨씬 낫지.'

사자는 후닥닥 몸을 돌려 사슴을 쫓아갔습니다. 그 바람에 토끼가 잠에서 깼습니다.

"아이쿠, 죽을 뻔했네. 얼른 도망가야지."

토끼는 사슴과 사자가 달려간 반대 방향으로 깡충깡충 뛰어 도망쳤습니다.

사슴은 죽기 살기로 달렸습니다. 그 뒤를 따라 사자도 있는 힘을 다해 달렸습니다. 하지만 며칠 굶은 사자는 금방 다리에 힘이 풀려 얼마 못 가 푹 쓰러지고 말았습니다.

그러는 동안 사슴은 눈앞에서 멀리 사라졌습니다.

"아이고, 처음에 작은 토끼로 만족했으면 좋았을걸."

사자는 사슴이 사라진 쪽을 바라보며 중얼거렸습니다.

『이솝우화』 '손안에 든 토끼'

좀 더 큰 이익을 얻으려고 욕심을 부리면 작은 이익까지 놓칠 수 있습니다. 아무것도 없었던 때를 생각한다면 지금 가진 것이 얼마나 소중한지 알 수 있지요. 지금 가진 것이 비록 작더라도 만족하며 산다면 매순간 행복할 거예요.

[비슷한 속담]

산돼지를 잡으려다가 집 돼지까지 잃는다
(산돼지를 잡겠다고 욕심을 부리던 나머지 집돼지를 잘못 간수한 탓으로 잃어버리게 되었다는 뜻.)

토끼 둘을 잡으려다가 하나도 못 잡는다
(욕심을 부려 한꺼번에 여러 가지 일을 하려 하면 그 가운데 하나도 이루지 못한다는 말.)

욕심이 사람 죽인다

욕심이 너무 지나치면 사리를 분별하지 못하고 위태로운 일까지 거리낌 없이 하게 된다는 말.

아주 먼 옛날, 거위를 기르는 할아버지가 있었습니다.

할아버지가 기르는 거위 중에는 날마다 황금 알을 하나씩 낳는 거위가 있었습니다. 황금 알 덕분에 할아버지는 힘들게 일하지 않아도 되었지요. 멋진 집에서 좋은 옷을 입고 맛있는 음식을 먹으며 살게 되었답니다.

그런데 할아버지는 거위가 매일 한 개씩 황금 알을 낳는 것이 무척 불만스러웠습니다.

"아니, 왜 황금 알을 딱 한 개씩만 낳는 거지?"

'저 거위 배 속에는 황금 알이 가득 차 있을 테니 한꺼번에 몽땅 꺼내는 게 좋지 않을까? 그러면 난 더 큰 부자가 될 수 있겠지?'

이렇게 생각한 할아버지는 거위의 배를 갈랐습니다. 그러나 그 거위의 배 속에는 아무것도 없었습니다. 다른 거위의 배 속과 하나도 다를 것이 없었습니다.

배를 가른 거위가 죽어 버리자, 할아버지는 한 개씩 얻던 황금 알조차도 갖지 못하게 되었습니다.

"아이고, 거위가 죽었으니 이제 어떡한담."

할아버지는 뒤늦게 땅을 치고 후회했지만 죽은 거위를 다시 살려 놓을 수는 없었습니다.

『이솝우화』'황금 알을 낳는 거위'

한 번에 많은 것을 갖겠다고 욕심을 부렸다가는 갖고 있던 것까지 모두 잃을 수 있어요. 너무 많은 것을 가지고 있으면서도 더 많이 탐내는 사람은 가난한 거지와 같답니다.

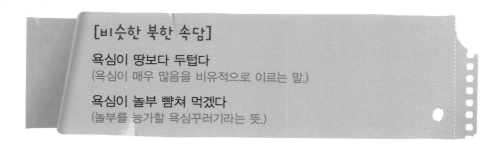

[비슷한 북한 속담]

욕심이 땅보다 두텁다
(욕심이 매우 많음을 비유적으로 이르는 말.)

욕심이 놀부 뺨쳐 먹겠다
(놀부를 능가할 욕심꾸러기라는 뜻.)

빈대 잡으려고 초가삼간 태운다

작은 일을 바로잡으려다 큰일을 망친다는 뜻.

옛날 어느 마을에 고집 센 할아버지와 할머니가 살았습니다.

어느 날 두 사람이 사이좋게 시루떡을 나누어 먹다가 떡 한 개가 남았습니다.

"내기를 해서 이긴 사람이 먹도록 합시다."

그래서 두 사람은 '말 안 하기' 내기를 했습니다.

두 사람은 마치 벙어리처럼 한 마디도 안 하고 서로를 쳐다보고만 있었습니다. 밤이 되어도 불도 켜지 않고 캄캄한 곳에 그대로 앉아 있었습니다.

그때 도둑이 슬금슬금 들어왔습니다.

"밤인데 불도 켜지 않고, 도둑이 들어왔는데 아무 소리도 안 내다니. 이 노인들은 장님에 귀머거리인가 보네."

도둑은 돈이 될 만한 물건들을 죄다 챙겨 도망쳤습니다.

할머니가 할아버지에게 얼른 도둑을 쫓아가라고 눈을 찡긋했습니다. 하지만 할아버지는 꿈쩍도 하지 않았습니다.

더 이상 화를 참을 수 없게 된 할머니가 소리를 질렀습니다.

"이 영감아! 당신 때문에 모조리 도둑맞았잖아!"

그러자 할아버지가 마지막 떡을 날름 집으며 말했습니다.

"왜 나한테 원망을 하는 거요. 어쨌든 내기에서는 내가 이겼소."

그러더니 할아버지는 냉큼 하나 남은 떡을 꿀꺽 삼켰습니다.

<우리나라 옛이야기> '고집 센 할아버지와 할머니'

　당장 눈앞에 놓인 이득에 눈이 멀면 더 큰 것을 잃기 십상입니다. 더 중요한 것이 무엇인지 신중하게 생각하고 현명하게 행동해야 불행한 일을 겪지 않습니다.

[비슷한 속담]

빈대 미워 집에 불 놓는다
(손해를 크게 볼 것을 생각지 않고 자기에게 불리한 것을 없애기 위해 그저 덤비기만 하는 경우를 비유적으로 이르는 말.)

벼룩의 간을 내먹는다

어려운 처지에 있는 사람에게서 금품을 뜯어내는 것을
비유적으로 이르는 말.

어느 마을에 욕심 많은 마부가 살고 있었습니다.

마부는 말을 돌보면서도 항상 어떻게 하면 주인에게 많은 돈을 받아 낼 수 있을까 고민했습니다.

그러던 어느 날 마부는 좋은 생각이 떠올랐습니다.

'주인이 말에게 준 보리의 일부를 빼돌려서 다른 곳에 팔면 돈을 벌 수 있을 거야.'

그날부터 마부는 말이 먹을 보리를 약간씩 빼돌렸습니다. 그러자 말은 점점 여위어 갔고 털도 윤기를 잃어 갔습니다.

'이러다가 주인에게 금방 들통이 나겠는걸? 빨리 원래대로 해 놔야겠어.'

마부는 말의 털에 윤기가 흐르도록 하루 종일 말을 손질하고 빗질을 했지만 말은 예전의 모습을 되찾지 못했습니다. 마부가 계속해서 보리를 빼돌렸기 때문이었죠.

그날도 마부는 열심히 빗질을 하고 있었습니다. 마부가 지나치게 빗질하는 것을 참다못한 말이 한마디 했습니다.

"이것 보세요, 마부님! 정말 너무하시는군요. 내 털을 윤기 나게 하려면 주인님이 나에게 먹이라고 구해 온 보리를 빼돌리지 않으면 돼요. 당신 때문에 나는 늘 배가 고프다고요!"

『이솝우화』 '말과 마부'

우리는 정직하게 일을 해서 돈을 벌어야 해요. 요령을 피우거나 나보다 못한 사람의 것을 탐내서 모은 돈은 훗날 나의 신뢰뿐 아니라 주변 사람들까지 잃게 만드는 독이 됩니다.

[비슷한 속담]
참새 앞정강이를 긁어 먹는다
모기 다리에서 피 뺀다
(위의 두 속담 모두, 자신의 이익을 위해 약한 사람을 착취한다는 말.)

입은 비뚤어져도 말은 바로 해라

상황이 어떻든지 말은 언제나 바르게 하여야 함을 이르는 말.
욕심에 눈이 먼 나머지 이기적으로 말하고 행동하는 사람에게도
쓸 수 있는 말.

가난하지만 마음씨 착한 김 서방이 살고 있었습니다.

어느 날 나무를 하고 집으로 돌아오던 길에 국밥 집을 지나게 되었습니다. 국밥 집 안에서는 구수한 냄새가 흘러나오고 있었습니다.

"저 국밥 한 그릇 먹으면 정말 좋겠다."

김 서방은 집에서 기다리고 있을 아내 생각에 얼른 발걸음을 돌렸습니다.

그때 국밥 집 주인이 김 서방을 불러 세웠습니다.

"돈을 내고 가야지 어딜 도망가는 거야?"

"아니, 돈을 내라니요? 먹지도 않은 국밥 값을 왜 내라고 하는 겁니까?"

"냄새를 맡았잖아? 이 세상에 공짜가 어디 있어!"

"아니 살다 살다 냄새 값을 내라는 소리는 처음 들었소이다."

옥신각신하던 두 사람은 결국 사또에게 찾아가 판결을 내려 달라고 했습니다.

사또는 잠시 고민하더니 드디어 판결을 내렸습니다.

"김 서방이 잘못했으니 돈을 내도록 해라."

"예, 제가 잘못했다고요? 사또, 정말 억울하옵니다."

김 서방이 사정했지만 사또는 듣지도 않고 말했습니다.

"김 서방은 얼른 주머니에서 돈을 꺼내서, 국밥 집 주인의 귀에 짤랑거리는 돈 소리를 들려주도록 해라."

김 서방과 국밥 집 주인은 영문을 몰라 눈을 휘둥그레 떴습니다.

"먹지도 않은 국밥의 냄새 맡은 값을 달라고 하니, 엽전 소리만 들려주면 될 것이 아닌가?"

그제야 김 서방은 무릎을 탁 쳤습니다.

"이게 바로 당신이 한 일에 대한 보답이오."

김 서방은 국밥 집 주인의 귀에 짤랑거리는 돈 소리를 실컷 들려주었습니다.

〈우리나라 옛이야기〉 '냄새 맡은 값'

욕심에서 비롯된 말과 행동으로 남을 곤경에 빠뜨린 욕심쟁이의 이야기예요. 말도 안 되는 거짓말로 욕심을 부렸다가는 망신을 당하게 됩니다. 매사에 정직하게 행동하고 쓸데없는 욕심을 부리지 않으면 손해 볼 일도 없지요.

[비슷한 속담]

입은 비뚤어져도 주라*는 바로 불어라
(아무리 입이 비뚤어졌어도 주라까지 불 수 없는 것은 아니므로 어떤 경우라도 옳고 바른 말을 하라는 의미.)

* 주라: 붉은 칠을 한 소라 껍데기로 만든 악기.

혹 떼러 갔다 혹 붙여 온다

자기의 부담을 덜려고 했다가 다른 일까지도 맡게 된 경우를
비유적으로 이르는 말.

옛날 어느 마을에 착한 혹부리 영감이 살았습니다.

어느 날 혹부리 영감은 나무를 하러 갔다가 날이 저물어 오두막에서 밤을 지새우게 되었습니다. 혹부리 영감은 무서움을 참으려고 노래를 불렀습니다.

그러자 갑자기 어디선가 도깨비들이 우르르 나타나더니 대뜸 묻는 거였습니다.

"그 구성진 노래는 어디서 나오는 것이오?"

"예? 노래야 당연히 목에서 나오는 것이지요."

도깨비들은 믿을 수 없다는 듯이 혹부리 영감을 노려보았습니다.

'어차피 내 말은 믿지도 않는구나.'

이렇게 생각한 혹부리 영감은 적당히 둘러댈 만한 것을 찾아 다시 말했습니다.

"사실, 노래는 이 혹에서 나오는 것이지요."

그러자 도깨비들이 그 혹을 팔라면서 보물 한 보따리를 건네주었습니다. 그러더니 영감이 대답도 하기 전에 혹을 떼어 들고는 사라졌습니다.

소문을 들은 이웃 마을 심술쟁이 혹부리 영감은 자신의 혹도 떼어 볼 심산으로 산속에 나무를 하러 갔습니다.

어두컴컴한 밤이 되자 심술쟁이 영감은 노래를 불렀습니다. 그러자 도깨비들이 우르르 나타났습니다.

"너 잘 만났다! 노래가 혹에서 나온다고 하더니 다 거짓말이었어."

"아이고, 저는 그 영감이 아니고 다른 사람입니다."

도깨비들이 심술쟁이 영감의 얼굴을 자세히 보더니 씩씩대며 말했습니다.

"어떡하지? 이 영감이 아닌데? 으아, 화가 난다, 화가 나!"

"대신 저 영감에게 분풀이를 하자."

도깨비들은 심술쟁이 영감의 다른 쪽 볼에 착한 혹부리 영감의 혹을 철커덕 붙였습니다.

<우리나라 옛이야기> '혹부리 영감'

전래 동화에서 유래한 속담이에요. 남이 이익을 보았다고 해서 똑같은 방법으로 자신도 쉽게 이득을 보려고 하면 오히려 손해를 보는 경우가 더 많습니다. 뜻밖의 행운만 바라지 말고 스스로 극복하고 노력하는 것이 행복해지는 지름길입니다.

[비슷한 속담]

말 위에 말을 얹는다
(욕심이 많은 사람을 이르는 말.)

뱁새가 황새 따라가면 다리가 찢어진다

남을 따라서 제힘에 겨운 일을 억지로 하려다가는
도리어 화를 당하게 된다는 뜻.

어느 무더운 날이었습니다. 아기 개구리들이 연못에서 신나게 수영을 하며 놀고 있었습니다.

"음매!"

어디선가 이상한 소리가 들리더니 커다란 소 한 마리가 나타났습니다.

헐레벌떡 집으로 달려간 아기 개구리들은 숨을 헐떡이며 말했습니다.

"엄마! 연못에서 무지무지하게 큰 짐승을 보았어요. 꼭 괴물 같았어요."

"도대체 무엇을 보았기에 그렇게 호들갑을 떠는 거니?"

어미 개구리는 아기 개구리들을 쳐다보며 나무라듯 말했습니다.

"몸집이 큰 산만 했어요."

"다리는 네 개인데 기둥처럼 크고요."

"단단한 뿔도 두 개나 있었어요."

"어찌나 무서운지 뒤로 안 돌아보고 도망쳐 왔어요."

이 말을 들은 어미 개구리는 갑자기 배를 움켜잡더니 깔깔 웃기 시작했습니다. 왜냐하면 이 세상에서 자기만큼 큰 몸집을 가진 동물은 없다고 생각했기 때문입니다.

그러자 어미 개구리는 자기의 큰 몸을 자랑하려고 배에다 바람을 잔뜩 불어 넣었습니다. 그러면서 아기 개구리들에게 물었습니다.

"그 짐승이 이보다 더 크더냐?"

"그럼요! 훨씬 컸어요."

지나친 욕심을 경계하는 속담 **151**

아기 개구리들이 입을 모아 똑같이 대답했습니다.

"흠, 그렇다면. 이만하더냐?"

어미 개구리는 있는 힘껏 배에 바람을 넣은 후 다시 물었습니다.

"훨씬 더 컸다니까요."

아기 개구리들이 합창을 하듯 말했습니다.

그러자 어미 개구리가 더 힘껏, 있는 힘껏 숨을 들이마셨습니다. 어미 개구리는 어찌나 힘을 줬던지 얼굴까지 빨개졌습니다.

"그럼, 이만큼 컸더냐?"

어미 개구리의 말이 끝나기도 전에 '뻥!' 하는 소리가 났습니다. 어미 개구리의 배가 그만 터지고 만 것이었습니다.

『이솝우화』 '배 터진 개구리'

남과 나의 다름을 인정하는 것은 그리 어려운 일이 아닙니다. 할 수 없는 일을 무리해서 좇아 욕심을 부린다면 불행해지지요. 나의 모습을 인정하고 만족하며 사는 삶이야말로 행복한 삶입니다.

[비슷한 속담]
송충이가 갈잎을 먹으면 죽는다
(솔잎만 먹고 사는 송충이가 갈잎을 먹게 되면 땅에 떨어져 죽게 된다는 뜻으로, 자기 분수에 맞지 않는 짓을 하다가는 낭패를 본다는 말.)

오르지 못할 나무는 쳐다보지도 마라

자기의 능력 밖의 불가능한 일에 대해서는 처음부터
욕심을 내지 않는 것이 좋다는 말.

어느 날, 하느님이 모든 새들을 불러 모았습니다.

"너희들 가운데 가장 아름다운 새를 뽑아 너희들의 왕으로 삼겠다."

이 말을 들은 새들은 서둘러 치장하기에 바빴습니다.

까마귀도 새들의 왕이 되고 싶었습니다. 하지만 까만 깃털이 눈에 거슬렸습니다.

'좋은 생각이 떠올랐어. 다른 새들의 깃털을 이용하는 거야.'

까마귀는 그때부터 들판을 쏘다니며 다른 새들의 깃털을 주워 모았습니다.

드디어 새들의 왕을 뽑는 날이 되었습니다.

하느님은 새들을 휘 둘러보다가 말했습니다.

"네가 가장 아름답구나."

하느님은 색색의 깃털을 꽂은 까마귀를 앞으로 불러냈습니다.

"어? 저건 내 깃털인데!"

"내 깃털도 있어."

다른 새들이 까마귀 주위에 모여 깃털을 하나둘 뽑아냈습니다. 그러자 진짜 까마귀의 모습이 드러났습니다.

"남의 깃털로 제 몸을 감춘다고 해서 왕이 될 줄 알았더냐?"

까마귀는 하느님께 실컷 야단만 맞고 숲에서 쫓겨났습니다.

『이솝우화』 '허영심 많은 까마귀'

　자신의 원래 모습을 감춘다고 해서 남들에게 인정받을 수 있는 건 아니에요. 실현 가능하지 않은 일에 쓸데없이 욕심을 부리면 자신도 상처받고 남들에게 손가락질을 당할 수 있답니다.

[비슷한 속담]

개 그림 떡 바라듯
(개가 그림의 떡을 아무리 바라보고 있다고 한들 다 헛일이라는 뜻으로, 행여나 하는 기대를 가지고 지켜보고 있으나 모두 다 헛일임을 이르는 말.)

비슷한 속담을 〈보기〉에서 찾아 괄호 안에 넣어 보세요.

• 가는 토끼 잡으려다 잡은 토끼 놓친다 (　　)

• 빈대 잡으려고 초가삼간 태운다 (　　)

• 벼룩의 간을 내먹는다 (　　)

• 뱁새가 황새 따라가면 다리가 찢어진다 (　　)

> **보기**
>
> ㉠ 빈대 미워 집에 불 놓는다
> ㉡ 산돼지를 잡으려다가 집돼지까지 잃는다
> ㉢ 모기 다리에서 피 뺀다
> ㉣ 송충이가 갈잎을 먹으면 죽는다

 속담을 넣어 짧은 글을 지어 보세요.

• 입은 비뚤어져도 말은 바로 해라

예 입은 비뚤어져도 말은 바로 하라고 내 짝 윤희는 정말 못생겼다.

 도전!

_____

• 오르지 못할 나무는 쳐다보지도 마라

예 TV에 나오는 아이돌과 결혼할 거라고 말했더니 엄마가 오르지 못할 나무는 쳐다
보지도 말라고 하신다.

 도전!

_____

08

지혜로운
생각을 키워 주는 속담

가난도 스승이다

가난하면 이를 극복하려는 의지와 노력이 생기므로
가난이 주는 가르침도 스승과 같은 역할을 한다는 뜻.

가난한 사람들이 모여 사는 런던 뒷골목에 톰이라는 아이가 태어났습니다.
그 시각 궁궐에서도 톰과 똑 닮은 에드워드 왕자가 태어났지요.

열세 살이 된 톰은 돈을 구걸하는 거지가 되었습니다. 돈을 구걸해 오지 않
는 날은 아버지에게 심한 매를 맞아야만 했습니다.

그러던 어느 날, 톰은 궁궐 앞을 지나게 되었습니다.

산책을 하던 왕자는 자신과 똑같이 생긴 톰을 발견하고 궁궐 안으로 들어오
게 했습니다.

"나는 궁궐 밖이 너무 궁금하단다. 그러니 우리 옷을 바꿔 입고 역할을 바꿔
보지 않을래?"

왕자의 말에 톰은 깜짝 놀랐지만 속으로 생각했습니다.

'궁궐에서 살면 굶지는 않겠지?'

두 사람은 마치 쌍둥이 같아서 누가 누군지 구별할 수가 없었습니다. 에드워
드는 톰의 옷을 입고 궁궐 밖으로 나갔습니다.

"돈은 얼마나 구걸했느냐? 꼴을 보니 한 푼도 구걸하지 못했나 보군."

톰의 아버지는 빈손으로 돌아온 왕자를 마구 때렸습니다. 먹을 게 없어서 굶
는 날도 많았습니다.

한편, 궁궐에 남은 톰은 신하들이 자신을 왕자로 대해 주자 어리둥절해서 외
쳤습니다.

"난 왕자가 아니라 거지예요."

하지만 아무도 그 말을 믿어 주지 않았습니다.

어느 날, 에드워드 왕자의 아버지인 왕이 돌아가셨습니다. 에드워드는 슬펐지만 희망을 버리지 않고 궁궐로 돌아갈 방법을 궁리했습니다.

드디어 톰이 왕의 자리를 이어받아 왕이 되는 날이 되었습니다. 그때 기적적으로 에드워드가 나타나 외쳤습니다.

"내가 진짜 왕자이다!"

톰은 기뻐하며 왕자를 맞이했고 왕관을 주인에게 되돌려 주었습니다.

왕의 자리를 되찾은 에드워드 왕자는 거지로 지내면서 겪었던 어려움을 잊지 않고 백성들을 위해 열심히 노력하는 왕이 되었답니다.

〈세계명작〉 '왕자와 거지'

어떤 상황에 처하든 다 경험이고 공부를 한다고 생각하면 살아가는 데 큰 도움이 됩니다. 이러한 마음가짐이라면 어려운 상황도 지혜롭게 잘 헤쳐 나갈 수 있을 거예요.

[비슷한 속담]

가난할수록 기와집 짓는다
(가난하다고 주저앉고 마는 것이 아니라 어떻게든 잘살아 보려고 힘써서 큰일을 벌인다는 말.)

앉아 삼천 리 서서 구만 리

앞일을 훤히 내다본다는 말.

예루살렘에서 멀리 떨어진 어느 마을에 부자가 살고 있었습니다. 부자는 자신이 병에 걸려 얼마 살지 못한다는 것을 알게 되자 유서를 남겼습니다.

나의 모든 재산을 내 하인에게 물려준다. 단, 내 아들은 내 재산 중에서 원하는 것 딱 한 가지만 선택해서 가질 수 있다.

예루살렘에 있던 아들은 아버지의 소식을 듣고 큰 슬픔에 빠졌습니다. 그리고 하인으로부터 받은 유서의 내용을 의아하게 생각했습니다.

장례를 치른 후 아들은 랍비를 찾아가 의논을 하였습니다.

"저는 지금까지 아버지를 실망시키거나 화나게 해 드린 적이 한 번도 없었는데 이런 유서를 남기셨습니다. 아무리 생각해도 아버지의 의중을 알 수가 없습니다. 또 한 가지를 선택해야 하는데 어떤 것을 선택해야 할지요?"

아들의 말을 다 듣고 난 랍비가 입을 열었습니다.

"자네 아버지는 무척 현명한 분이시네. 만약 아버지의 죽음을 자네에게 알리지도 않고 하인이 재산을 가지고 도망쳤다면 어쩔 뻔했나? 이런 유서를 남겼기 때문에 하인은 재빨리 자네한테 아버지의 죽음을 알렸던 것이지."

"하지만 아버지의 모든 재산은 이미 하인의 소유가 되었지 않습니까?"

"잘 생각해 보게. 자네는 하나를 선택할 수 있지 않은가?"

그제야 모든 상황을 이해한 아들은 아버지의 뜻대로 하인을 선택하였습니다. 그런 다음 하인에게 재산을 넉넉하게 나누어 주었고 자유도 주었습니다.

『탈무드』 '아버지의 지혜'

하인의 욕심을 부추기지 않으면서 아들에 대한 사랑과 재산을 지켰던 아버지의 지혜로움이 정말 놀랍습니다. 아버지는 자신이 죽고 난 이후의 상황까지 미리 예측해서 모두가 행복해지는 방법을 고민했던 거지요.

[비슷한 속담]
척 그러면 울 너머 호박 떨어지는 줄 알아라
(눈치와 짐작이 빨라야 한다는 말.)

뛰는 놈 위에 나는 놈 있다

아무리 재주가 뛰어나다고 해도 그 위에 그보다 더 뛰어난 사람이 있다는 뜻.

부자들이 모여 사는 어느 마을에 가난한 집 소년이 이사를 왔습니다.

집은 비록 가난했지만 소년은 무척 슬기로웠습니다. 소년은 마을 아이들과 친해지기 위해 어수룩한 척했습니다.

"얘들아, 우리 새로 이사 온 바보를 놀려 주자. 땅바닥에 1푼짜리 엽전과 5푼짜리 엽전을 떨어뜨리고 한 개만 집어 가게 하는 거야."

그날부터 부잣집 아이들은 1푼짜리 엽전과 5푼짜리 엽전을 땅바닥에 떨어뜨려 놓고 소년에게 마음대로 집어 가게 했습니다. 아이들의 짐작대로 소년은 날마다 1푼짜리 엽전만 집어 갔습니다.

아이들은 재미있다는 듯 놀려 대며 날마다 이런 일을 되풀이했습니다.

이 모습을 쭉 지켜봐 왔던 새우젓 장수가 소년을 불러 친절하게 알려 주었습니다.

"얘야, 1푼짜리 엽전보다는 5푼짜리 엽전이 더 큰 값어치가 있단다. 그러니 다음부터는 5푼짜리 엽전을 집도록 해라."

그러자 소년이 빙그레 웃으며 대답했습니다.

"제가 5푼짜리를 집으면 마을 아이들은 제가 바보가 아니라는 걸 알고 다시는 그런 장난을 하지 않을 거예요. 그러면 저는 1푼짜리 돈도 벌지 못하게 되거든요."

소년의 말에 새우젓 장수는 고개를 끄덕였습니다.

〈우리나라 옛이야기〉 '바보 흉내를 내는 소년'

친구들을 속인 건 잘못이지만 소년은 이러지도 저러지도 못하는 곤란한 상황을 자신에게 유리한 상황으로 뒤바꿔 놓았습니다. 바로 소년의 재치 있는 생각과 긍정적인 마음 때문이었지요.

[비슷한 속담]

범 잡아먹는 담비가 있다
(산중의 왕인 범을 잡아먹는 담비라는 작은 짐승이 있다는 뜻으로, 위에는 그보다 더한 위가 있음을 비유적으로 이르는 말.)

기는 놈 위에 나는 놈이 있다 | 나는 놈 위에 타는 놈 있다

마음에 있어야 꿈도 꾸지

생각이나 뜻이 없으면 아무것도 이루어지지 않는다는 말.

아름다운 궁전에 사는 임금이 있었습니다. 그 궁전의 뜰에는 온갖 나무와 꽃들이 자라고 있었지요. 그중에서도 임금이 가장 아끼는 나무가 있었습니다.

'열매가 익어 가고 있군. 이 열매를 누가 따 가면 어쩌지?'

임금은 아무도 믿지 못했습니다. 그래서 신하를 시켜 장님과 앉은뱅이를 뽑아 오도록 했습니다.

'장님은 앞을 볼 수 없고, 앉은뱅이는 나무에 손이 닿지 않으니 열매를 따 먹지 못할 거야.'

장님과 앉은뱅이는 나무 밑에 앉아 나무를 지키고 있었습니다.

"열매가 주렁주렁 열렸어. 아, 손이 닿는다면 당장 따서 먹어 보고 싶다."

앉은뱅이는 어떻게든 따 먹고 싶은 생각에 장님에게 말했습니다.

"어떻게 하면 저 열매를 감쪽같이 따 먹을 수 있는지 잘 생각해 봐."

한참 생각에 잠겨 있던 장님이 말했습니다.

"너는 볼 수 있고, 나는 볼 수 없고. 너는 앉은뱅이고, 나는 키도 크고 힘도 세고."

장님의 말을 듣던 앉은뱅이가 손뼉을 탁 쳤습니다.

"내가 네 어깨에 올라탈게. 열매가 어디 있는지 내가 말하면 네가 그 방향으로 움직이기만 하면 돼."

앉은뱅이는 장님의 어깨에 올라가, 잘 익은 열매를 땄습니다.

다음 날, 임금은 사라진 열매를 보고 노발대발 화를 냈지만 범인은 찾을 수

없었습니다.

『탈무드』 '누가 열매를 따 먹었을까?'

　하고 싶은 일이 있다면 우선 마음에 담아 두어야 합니다. 그런 다음 어떻게 해야 할지 방법을 잘 생각해 보는 거지요. 그러면 반드시 해결 방법이 나타나게 되고 바라던 일을 쉽고 지혜롭게 해결할 수 있습니다.

[비슷한 속담]
마음에 없으면 보이지도 않는다
(생각이나 의지가 없으면 무엇이 됐든 절대 이룰 수 없다는 뜻.)

말 한마디에 천 냥 빚도 갚는다

말만 잘하면 어려운 일이나 불가능해 보이는 일도
해결할 수 있다는 말.

어려운 문제를 내는 것을 좋아하는 사또가 있었습니다. 사또는 어려운 문제를 만들어 사람들을 골탕 먹이고 자신이 가장 똑똑하다는 것을 뽐내고 싶어 했지요.

어느 날, 사또가 길을 가다 농부를 만났습니다.

"내가 문제를 낼 테니 맞혀 보아라."

농부가 계속 알아맞히지 못하자 사또는 벌컥 화를 내며 말했습니다.

"문제를 못 맞혔으니 벌로 내일까지 새끼 밴 황소를 갖고 오너라."

"아니, 어떻게 황소가 새끼를 뱁니까?"

"시끄럽다. 내일까지 갖고 오지 못하면 큰 벌을 내릴 것이다."

집으로 돌아온 농부는 끙끙 앓아눕고 말았습니다. 자초지종을 다 듣고 난 농부의 아들은 다음 날 아침 사또를 찾아갔습니다.

"네 아비는 어디 가고 네가 왔느냐?"

"지금 제 아버지는 아기를 낳느라 오실 수 없사옵니다."

"뭐라고? 남자가 어찌 아기를 낳는다는 말이냐?"

"그렇다면 황소는 어찌 새끼를 밸 수 있단 말입니까?"

'내가 교만하게 굴다가 아이 앞에서 망신을 당했구나.'

그 후부터 사또는 어려운 문제로 사람들을 골탕 먹이고 놀리는 버릇을 고쳤답니다.

〈우리나라 옛이야기〉 '지혜로운 아들'

때로는 현명한 말 한마디로도 위기를 극복할 수 있습니다. 납득하기 어려운 상황에 맞닥뜨렸을 때 당황하지 말고 지혜를 짜 보세요. 사실 답은 가장 가까운 곳에 있답니다.

[비슷한 속담]
천 냥 빚도 말로 갚는다
말 한마디에 천금이 오르내린다
(위의 두 속담 모두, 한 마디 한 마디의 말이 중요하다는 말.)

하나만 알고 둘은 모른다

사물을 한 측면만 보고 두루 보지 못하는 어리석음을 뜻하는 말.

굶주린 여우가 두리번거리며 숲 속을 걸어가고 있었습니다.

"사흘이나 굶었더니 배가 홀쭉해졌네. 어디 먹을 게 없을까?"

그때였습니다. 어디선가 맛있는 음식 냄새가 났습니다.

냄새는 커다란 참나무 구멍에서 흘러나오고 있었습니다. 그곳에는 양치기가 먹고 남겨 둔 고기와 빵이 있었습니다.

여우는 몸을 비틀어 좁은 구멍 속으로 겨우 들어갔습니다. 그러고는 음식을 깨끗이 먹어 치웠습니다.

"아, 배부르다. 이제 슬슬 집으로 가 볼까?"

여우는 구멍에서 나오려고 했지만 한꺼번에 많은 음식을 먹어서 배가 불러 나올 수가 없었습니다.

"난 곧 양치기에게 붙잡히게 될 거야. 그러면 난 어떻게 될까?"

다른 여우 한 마리가 우연히 그곳을 지나가다 울음소리를 들었습니다.

"자네는 정말 어리석군. 그런 일 때문에 울고 있다니. 그 구멍에 들어갈 때만큼 배가 홀쭉해질 때까지 기다리면 되는 거야. 그러면 구멍에서 쉽게 빠져나올 수 있을걸?"

"아, 그렇구나!"

배부른 여우는 그제야 울음을 그쳤습니다.

『이솝우화』'배부른 여우'

　당장의 배고픔을 해결하기 위해 생각 없이 행동한 탓에 봉변을 당한 여우의 이야기입니다. 다른 여우가 알려 준 방법이 기발하긴 하지만, 배가 다시 홀쭉해지려면 꽤 오랜 시간이 걸릴 것 같지 않나요? 앞일을 생각하면서 행동한다면 큰 어려움에 빠지는 일은 생기지 않을 거예요.

[비슷한 속담]
감출 줄은 모르고 훔칠 줄만 안다
우물 안 개구리

호랑이에게 물려 가도 정신만 차리면 산다

아무리 위급한 경우를 당하더라도 침착하게 대처하면
위기를 벗어날 수 있다는 말.

산속에 살면서 산을 넘어가는 나그네들을 괴롭히며 돈과 보물을 빼앗는 산적들이 있었습니다.

어느 날, 산적들이 마을에 내려와 이렇게 말했습니다.

"지금 당장 여자와 열 살 이하의 아이들은 이 마을을 떠나라. 모든 재물은 놔둔 채 말이다."

산적들의 말에 마을 사람들이 벌벌 떨었습니다.

"단, 자기 집에서 가장 귀한 보물 한 가지는 가지고 가도 좋다."

여자들은 어린 자식들의 손을 잡고 또는 등에 업은 채 서둘러 마을을 떠났습니다. 다른 한 손에는 자기 집에서 가장 귀한 보물 한 가지씩을 들었지요.

그런데 젊은 여자들 틈에 나이 지극한 할머니가 등에 병약한 젊은이를 업고 있었습니다.

산적들의 두목이 할머니를 가로막고는 두 눈을 부릅뜨고 외쳤습니다.

"누가 젊은 남자를 데려가라고 했어! 내 칼에 죽고 싶어?"

하지만 할머니는 조금도 두려워하지 않고 또박또박 말했습니다.

"두목이 말하지 않았나요? 가장 귀한 보물 한 가지는 가지고 갈 수 있다고. 보다시피 이 아이는 하나밖에 없는 나의 가장 소중한 보물입니다."

할머니의 말에 두목은 아무 말도 하지 못했습니다.

〈우리나라 옛이야기〉 '가장 귀중한 보물'

　소중한 것을 지키려면 할머니처럼 용기가 필요할 때도 있습니다. 강하고 현명한 사람은 위기를 만났을 때 당황하지 않고, 가장 중요한 것만 생각하고 침착하게 행동합니다.

[비슷한 속담]
범에게 물려 가도 정신만 차리면 산다
범에게 열두 번 물려 가도 정신을 놓지 말라

돌다리도 두드려 보고 건너라

잘 아는 일이라도 세심하게 주의를 기울여 하라는 말.

오누이의 엄마가 이웃집 잔치 준비에 갔다가 돌아오던 고갯길에서 늑대를 만났습니다.

늑대는 오누이의 엄마를 단숨에 잡아먹고는 오누이의 엄마가 입던 옷으로 갈아입었습니다.

'흐흐흐. 엄마의 옷으로 완전히 변장을 했으니 분명 문을 열어 줄 거야.'

늑대는 신이 나서 오누이가 사는 집으로 달려갔습니다.

"얘들아, 엄마 왔다! 문 열어라."

밖에서 나는 소리에 두 남매는 귀를 쫑긋했습니다.

"오빠, 엄마가 왔어! 얼른 문 열어 주자."

창문 틈으로 보이는 엄마와 똑같은 모습의 늑대를 보고 동생이 말하자 오빠가 작은 목소리로 속삭였습니다.

"아직은 안 돼! 더 살펴보고 문을 열어야 해. 엄마가 그랬잖아. 요즘 늑대가 숨어서 우리 가족을 노리고 있다고."

오빠는 밖을 향해 큰 소리로 말했습니다.

"엄마가 맞다면 손을 내밀어 봐요."

늑대는 속으로 깜짝 놀랐습니다.

'손을 내밀면 늑대인 게 금세 탄로 나고 말 텐데.'

늑대는 안절부절하며 오누이 집 앞을 왔다 갔다 했습니다.

〈우리나라 옛이야기〉 '해와 달이 된 오누이'

틀튼하다고 생각했던 돌다리가 무너지는 경우도 있답니다. 어떤 일을 할 때 하나하나 점검하고 실행하려는 지혜를 갖고 있다면 실패할 확률은 거의 낮습니다.

[비슷한 속담]
아는 길도 물어 가랬다
얕은 내도 깊게 건너라

부록

 비슷한 속담을 〈보기〉에서 찾아 괄호 안에 넣어 보세요.

• 가난도 스승이다 (　　)

• 앉아 삼천 리 서서 구만 리 (　　)

• 뛰는 놈 위에 나는 놈 있다 (　　)

• 마음에 있어야 꿈도 꾸지 (　　)

• 하나만 알고 둘은 모른다 (　　)

보기

㉠ 척 그러면 울 너머 호박 떨어지는 줄 알아라
㉡ 가난할수록 기와집 짓는다
㉢ 마음에 없으면 보이지도 않는다
㉣ 나는 놈 위에 타는 놈 있다
㉤ 감출 줄은 모르고 훔칠 줄만 안다

 속담을 넣어 짧은 글을 지어 보세요.

• 말 한마디에 천 냥 빚도 갚는다

예 말 한마디에 천 냥 빚도 갚는다는 말처럼 항상 예쁜 말만 하는 언니는 누구에게
나 사랑과 인정을 받는다.

 도전!
_____

• 호랑이에게 물려 가도 정신만 차리면 산다

예 엘리베이터에 갇혔을 때 내 머릿속에 떠오른 말은 호랑이에게 물려 가도 정신만
차리면 산다였다.

 도전!
_____

09

행복한
대인 관계를 위한 속담

가는 말이 고와야 오는 말이 곱다

내가 남에게 말이나 행동을 좋게 해야 남도 내게 좋게 한다는 말.

두 사람이 제사상에 올릴 고기를 사러 푸줏간*에 갔습니다.

첫 번째 사람이 푸줏간 주인에게 퉁명스럽게 말했습니다. 첫 번째 사람은 잘생기고 돈도 많은 사람이었습니다.

"개똥아, 나 고기 한 근 좀 줘라."

이번에는 두 번째 사람이 부드럽게 말했습니다. 두 번째 사람은 약간 못생기고 옷도 허름하게 입었습니다.

"김 서방, 여기 고기 한 근만 주시게나."

곧 푸줏간 주인이 두 사람에게 고기 한 근씩을 내주었습니다.

그런데 두 사람에게 준 고기의 양이 눈에 띄게 달랐습니다.

"아니, 개똥아. 같은 한 근인데 왜 저 사람 것은 내 것보다 많으냐?"

첫 번째 사람이 버럭 화를 내며 말했습니다.

그러자 푸줏간 주인이 말했습니다.

"첫 번째 고기는 개똥이가 자르고, 두 번째 고기는 김 서방이 잘라서 그렇습니다."

푸줏간 주인의 말에 첫 번째 사람은 아무 말도 하지 못했습니다.

〈우리나라 옛이야기〉 '개똥이와 김 서방'

＊푸줏간: 소나 돼지 등을 잡아서 그 고기를 파는 곳.

　잘생기고 부자에다 무엇 하나 부족할 게 없는 첫 번째 사람에게 꼭 필요한 것은 무엇일까요? 바로 배려의 자세입니다. 직업이나 겉모습으로 사람을 판단해서 불친절하게 말하고 행동하면 돌아오는 건 몇 곱절 더 차갑고 날카로운 말과 행동입니다.

[비슷한 속담]
가는 정이 있어야 오는 정이 있다
가는 떡이 커야 오는 떡도 크다

낮말은 새가 듣고 밤말은 쥐가 듣는다

이 세상에 비밀은 없으므로 언제 어디서나 항상 말조심을 해야 한다는 뜻.

한 선비가 시골길을 가다가 두 마리 소로 밭갈이를 하는 늙은 농부를 만났습니다. 한 마리는 검정소였고 다른 한 마리는 누렁소였습니다.

선비는 호기심이 생겨 일하는 농부를 불렀습니다.

"여보시오 노인장! 저 두 마리의 소 중 어느 소가 일을 더 잘 합니까?"

그러자 농부는 잠시 일을 멈추고 선비에게 다가와 귓속말로 말했습니다.

"검정소가 힘은 더 세지만, 누렁소가 일은 더 잘 합니다."

농부의 행동에 선비는 어이없다는 표정으로 물었습니다.

"아니, 노인장! 그게 무슨 비밀이라고 귓속말로 합니까?"

그러자 농부는 아주 작은 소리로 대답했습니다.

"짐승도 말의 좋고 나쁨을 압니다. 말 못 하는 짐승일지라도 흉보는 말이 귀에 들어가면 기분이 좋겠습니까?"

선비는 부끄러운 듯 고개를 숙였습니다.

'앞으로 남을 낮추거나 헐뜯는 이야기는 누구에게라도 하지 않도록 해야겠다.'

젊은 선비는 그때 했던 다짐을 평생 지켰고, 후에 큰 벼슬자리에 올랐습니다. 이 선비가 바로 조선 시대의 이름난 재상인 황희 정승입니다.

〈인물 이야기〉 '황희 정승'

　아무렇지도 않게 내뱉은 비교의 말은 상대방에게 독약이 될 수도 있고, 예리한 칼날이 되어 상대방을 아프게 할 수도 있습니다. 남의 단점이나 허물의 말은 절대 하지 마세요. 오히려 나의 인격을 손상시키고 신뢰를 잃게 만듭니다.

[비슷한 속담]
밤말은 쥐가 듣고 낮말은 새가 듣는다
발 없는 말이 천 리 간다

되로 주고 말로 받는다

남을 조금 건드렸다가 큰 되갚음을 당한다는 말,
조금 주고 그 대가를 많이 받는다는 뜻.

정수동은 조선 시대의 시인으로 어려서부터 신동이라는 소리를 들었습니다.

정수동이 어렸을 때의 일입니다. 수동은 서당에서 공부를 할 때 그만 깜박 졸다가 훈장님께 크게 혼났습니다. 그 일이 있은 후 며칠이 지났습니다.

훈장님이 쓰라는 글을 다 쓰고 고개를 들어 보니 훈장님이 고개를 꾸벅꾸벅 하며 졸고 있었습니다. 다른 아이들은 글씨를 쓰느라 모두들 정신이 없었습니다.

"훈장님, 아이들이 열심히 공부하는데 왜 졸고 계십니까?"

정수동이 큰 소리로 외쳤습니다.

그 소리에 서당에 있던 아이들이 고개를 번쩍 들고 훈장님과 정수동을 바라 보았습니다.

"이놈! 졸기는 누가 졸았다고 그래? 내 잠깐 공자님을 찾아뵙고 온 것을 네 놈이 알 턱이 없지!"

그 말에 정수동은 아무 대답도 못 하였습니다.

그 일이 있고 며칠이 지났을 때였습니다. 정수동이 쏟아지는 졸음을 참지 못 하고 고개를 끄덕끄덕하다가 또 훈장님께 들키고 말았습니다.

"거기 졸고 있는 녀석이 누구냐? 정수동이 맞지?"

정수동은 깜짝 놀라 눈을 번쩍 떴습니다. 훈장님의 부리부리한 눈이 바로 코 앞에 있었습니다.

"훈장님, 저는 졸고 있었던 게 아니에요."

"이놈! 내가 널 이렇게 보고 있었는데도 시치미를 떼는 거냐? 고얀 놈이로세."

"훈장님, 사실은 공자님을 잠시 뵙고 왔습니다."

"공자님을 뵈었다고? 그래, 공자님께 뭐라고 말씀드렸느냐?"

"며칠 전에 저희 스승님께서 공자님을 뵙고 오셨는데 기억하시느냐고요."

"그랬더니 뭐라 하시더냐?"

"글쎄 그런 일이 없다고 하시지 뭡니까?"

정수동의 대답에 아이들이 킬킬거리고 웃었습니다.

"우리 훈장님이 정수동에게 한 방 먹었네."

〈우리나라 옛이야기〉 '훈장님의 졸음'

나보다 어리다고 해서 얕보거나, 나의 실수를 솔직하게 인정하지 않고 거짓말로 위기를 모면하려 한다면 신뢰를 잃게 됩니다. 신뢰를 잃으면 모든 사람들과의 행복하고 따뜻한 관계는 지속되기 어렵지요.

[비슷한 속담]
혹 떼러 갔다 혹 붙여 온다

[반대되는 속담]
방망이로 맞고 홍두깨로 때린다

지렁이도 밟으면 꿈틀한다

아무리 눌려 지내는 미천한 사람이나, 순하고 좋은 사람이라도
너무 업신여기면 가만있지 않는다는 말.

산토끼가 독수리에게 쫓기고 있던 중 딱정벌레 한 마리를 만났습니다.

"딱정벌레야, 독수리가 나를 잡아먹으려고 따라오고 있어. 제발 나 좀 살려
줘!"

딱정벌레는 날아오는 독수리를 향해 소리쳤습니다.

"독수리 아저씨! 토끼를 살려 주세요. 제발 부탁이에요."

"토끼를 살려 주고 너를 잡아먹으라? 너같이 작은 것은 잡아먹어도 배가 부
르지 않아."

독수리는 딱정벌레의 말을 무시하고 달아나는 토끼를 채어 날아갔습니다.

"조그맣다고 이렇게 무시해도 되는 거야? 어디 두고 보자."

딱정벌레는 그 후 독수리 둥지를 찾아다녔습니다.

'드디어 찾았다!'

딱정벌레는 독수리가 없는 틈을 타서 둥지 안에 있는 알을 모조리 아래로 떨
어뜨렸습니다.

나중에 이 사실을 알게 된 독수리는 그때부터 은근히 딱정벌레에 대한 두려
움이 생겼습니다. 그날 이후로 독수리는 딱정벌레가 사는 근처에는 절대로 집
을 짓지 않았습니다.

『이솝우화』 '성난 딱정벌레'

남을 함부로 얕보다가는 큰 코 다쳐요. 나보다 약한 사람의 말이라도 귀 기울여 듣고 상대방을 무시하지 않으면 서로 좋은 관계를 맺을 수 있답니다. 상대방의 약점보다 장점을 보려고 노력하는 사람이 정말 좋은 사람입니다.

[비슷한 속담]
굼벵이도 밟으면 꿈틀한다
지나가는 달팽이도 밟으면 꿈틀한다

호랑이도 제 말 하면 온다

그 자리에 없는 사람에 관한 이야기를 하는데 공교롭게
그 사람이 나타나는 경우를 이르는 말.

동물의 왕인 사자가 병에 걸렸습니다. 그래서 여우와 사슴, 오소리 등 모든
동물들이 문병을 왔습니다. 하지만 이상하게도 산토끼는 오지 않았습니다.

남을 깎아내리기 좋아하는 여우가 말했습니다.

"사자님, 산토끼는 원래 자기밖에 모르는 나쁜 녀석입니다."

바로 그때 산토끼가 들어오면서 여우가 하는 말을 죄다 들었습니다.

사자는 토끼를 보자 소리를 버럭 질렀습니다.

"이놈, 산토끼야! 왜 이제 오느냐?"

"사자님, 병문안을 빨리 오지 못해 죄송합니다. 하지만 저는 그동안 뛰어난
의사들을 찾아다니며 사자님의 병을 고치는 방법을 알아내느라 늦었습니다."

그 말을 듣자, 화가 났던 사자는 그제야 마음이 풀려 다정하게 물었습니다.

"오, 그래? 어떻게 하면 내 병이 낫는다고 하더냐?"

"저 여우의 꼬리를 잘라 드시면 낫는다고 합니다."

산토끼의 말이 끝나기가 무섭게 사자는 당장 여우에게 달려들어 꼬리를 잘라
먹었습니다.

그러자 여우가 엉엉 울며 말했습니다.

"그냥 모른 척 가만히 있을걸! 아이고 내 꼬리야."

여우는 산토끼를 괜히 미워한 것을 후회했습니다.

『이솝우화』 '꼬리 잘린 여우'

　누군가를 미워해서 그 사람의 흉을 보거나 이간질하는 사람들이 많습니다.
갈등이 깊어지면 오해를 풀기가 어렵기 때문에 더 늦기 전에 화해해야 하지요.
미워하고 시기하는 마음이 사라지면 친구를 많이 사귈 수 있답니다.

[비슷한 속담]
범도 제 소리 하면 오고 사람도 제 말 하면 온다
까마귀 제 소리 하면 온다

종로에서 뺨 맞고 한강에 가서 눈 흘긴다

욕을 본 그 자리에서는 아무 말 못 하고 뒤에 가서 불평한다는 말.

경수와 경미는 아빠가 아끼는 기타를 가지고 놀았습니다.

"오빠, 줄을 살살 당겨 봐."

경수는 기타 줄을 손가락으로 살짝 잡아당겼습니다. 그랬더니 아주 멋진 소리가 나왔습니다. 경수는 신이 나서 기타 줄 두 개를 동시에 잡아당겼습니다.

"오빠, 조심해서 당겨. 그러다 끊어지면 어떡하려고 그래?"

경미의 말이 끝나자마자, '팅' 소리와 함께 기타 줄 두 개가 끊어지고 말았습니다.

경수는 퇴근해서 돌아온 아빠에게 혼쭐이 났습니다. 그 기타는 아빠에게 너무나 소중한 것이었기 때문이지요.

"할아버지가 아빠에게 남겨 주신 유품이야. 그러니 네가 모은 용돈으로 좋은 기타 줄 두 개를 사와야 한다. 할 말 있으면 해 봐."

경수는 고개를 설레설레 저었습니다.

다음 날 아침 학교에 가면서 경수는 계속 투덜거렸습니다.

"경미야, 어떻게 아빠가 나보고 기타 줄을 사오라고 할 수가 있냐? 정말 너무해."

"오빠가 끊어 먹었으니까 그렇지."

"그래도 그렇지. 그 기타 줄이 얼마나 한다고! 그리고 이 사건은 너에게도 잘못이 있어."

"오빠, 도대체 그게 무슨 말이야? 내가 분명 줄을 살살 당기라고 했잖아."

"어쨌든 기타 줄 한 개는 네가 사야 해."

"줄을 끊어 먹은 것은 오빠잖아!"

"어쨌든 아빠도 너도 정말 맘에 안 들어."

경미는 어이가 없다는 듯 경수를 바라보았습니다.

〈창작동화〉 '끊어진 기타 줄'

　자신의 잘못을 인정하지 않고 비겁하게 남한테 죄를 뒤집어씌우거나 화풀이를 하는 것은 어리석은 행동입니다. 내 잘못에 대해 진심으로 용서를 구하고 함께 해결 방법을 찾는다면 갈등과 오해는 사라지고 인간관계는 더욱 건강해질 거예요.

[비슷한 속담]
시어미 미워서 개 옆구리 찬다
서울서 매 맞고 시골서 주먹질한다

웃는 얼굴에 침 못 뱉는다

웃는 얼굴로 대하는 사람에게 침을 뱉을 수 없듯이
좋게 대하는 사람에게 나쁘게 대할 수 없다는 말.

하루에도 몇 번씩이나 방귀를 뀌어 대는 처녀가 시집을 갔습니다. 처음에는 방귀쟁이라는 사실을 숨겼습니다. 그러다 보니 얼굴색이 점점 누렇게 변해 갔습니다.

이것을 본 시아버지가 며느리를 붙잡고 물었습니다.

"얘야, 아가! 너, 어디 아프냐?"

며느리는 사실대로 말하기로 했습니다.

"사실은 제가 시집온 뒤로 방귀를 시원하게 뀌지 못해 그렇습니다."

"오냐, 그렇다면 오늘부터는 마음 놓고 방귀를 뀌도록 해라."

시아버지의 말에 며느리는 활짝 웃었습니다.

"그렇다면 아버님, 문고리를 꼭 잡고 계세요."

며느리는 몇 달을 참았던 방귀를 뿡뿡 뀌었습니다. 그 소리가 어찌나 큰지 시아버지는 두 귀를 꽉 막았습니다. 게다가 냄새는 또 어찌나 심한지요.

시아버지는 순간 화가 났지만 꾹 참았습니다. 며느리가 너무나 활짝 웃고 있었기 때문이었지요.

"아버님, 고맙습니다."

그 후 며느리는 방귀를 마음껏 뀌었습니다.

시원하게 방귀를 뀌고 난 후 활짝 웃는 며느리 때문에 가족 어느 누구도 화를 내지 못했답니다.

〈우리나라 옛이야기〉 '방귀쟁이 색시'

　내가 하는 일이 어렵고 힘들다고 화만 낸다면 주변 사람들까지 힘들고 짜증이 납니다. 웃음의 효능은 놀라워서 긴장을 풀어 주고 위급한 상황에서 새로운 아이디어를 샘솟게 하지요. 내가 먼저 웃으면 주변은 저절로 밝아진답니다.

[비슷한 속담]
웃는 얼굴에 침 뱉으랴
웃는 집에 복이 있다

모난 돌이 정 맞는다

성격이 원만하지 못하면 다른 사람과 계속 충돌을 일으켜 남에게 미움을 받는다는 뜻.

어느 호숫가에 갈대와 올리브 나무가 살고 있었습니다. 올리브 나무는 몸통이 굵고 가지와 잎이 무성했습니다. 그에 비해 갈대는 가늘고 연해서 바람이 조금만 불어도 이리저리 흔들거렸습니다.

"갈대야, 산들바람에도 이리저리 흔들리는 네 모습이 정말 한심하구나."

그러던 어느 날이었습니다. 하늘이 어두워지면서 천둥과 번개가 치더니 바람이 심하게 불기 시작했습니다.

폭풍이 불어오자 올리브 나무는 으스대면서 갈대를 놀렸습니다.

"갈대야, 나는 걱정이 없지만 너는 조심하는 게 좋겠다."

올리브 나무는 폭풍이 불어오자 나뭇가지를 흔들면서 꿋꿋하게 버텼습니다. 갈대는 세차게 몰아치는 바람의 방향에 따라 몸을 흔들었습니다. 바람이 거칠게 불어올 때는 더욱 낮게 몸을 숙였습니다.

"아, 더 이상 견딜 수가 없어."

큰소리를 뻥뻥 치던 올리브 나무가 신음 소리를 내기 시작했습니다. 바람은 멈출 줄을 모르고 더욱 세차게 몰아쳤습니다.

마침내 힘이 빠진 올리브 나무는 그대로 쓰러지고 말았습니다.

갈대는 쓰러진 올리브 나무를 불쌍한 듯 내려다보았습니다.

『탈무드』 '갈대와 올리브 나무'

나와 다르다고 해서 유난히 그 점을 이용하여 상대방의 감정을 상하게 하거나 놀려 대는 사람이 있습니다. 남을 흉보는 것은 좋지 않은 행동이에요. 편을 가르려 하지 말고 내 편으로 만들어 보는 건 어떨까요?

[비슷한 속담]
남의 말이라면 쌍지팡이 짚고 나선다
(남의 허물에 대하여 시비하기를 좋아하는 사람을 비유적으로 이르는 말.)

비슷한 속담을 〈보기〉에서 찾아 괄호 안에 넣어 보세요.

• 가는 말이 고와야 오는 말이 곱다 (　　)

• 낮말은 새가 듣고 밤말은 쥐가 듣는다 (　　)

• 되로 주고 말로 받는다 (　　)

• 종로에서 뺨 맞고 한강에 가서 눈 흘긴다 (　　)

• 웃는 얼굴에 침 못 뱉는다 (　　)

보기

㉠ 시어미 미워서 개 옆구리 찬다
㉡ 발 없는 말이 천 리 간다
㉢ 혹 떼러 갔다 혹 붙여 온다
㉣ 가는 정이 있어야 오는 정이 있다
㉤ 웃는 집에 복이 있다

속담을 넣어 짧은 글을 지어 보세요.

• 호랑이도 제 말 하면 온다

예 친구들과 반장 흉을 보고 있는데 호랑이도 제 말하면 온다더니 반장이 교실 문을 벌컥 열고 들어왔다.

 도전!

_____

• 종로에서 뺨 맞고 한강에 가서 눈 흘긴다

예 종로에서 뺨 맞고 한강에 가서 눈 흘긴다더니 엄마에게 혼난 오빠가 나에게 화풀이를 해 댔다.

 도전!

_____

10

행운과
희망을 담은 속담

고생 끝에 낙이 온다

어렵고 괴로운 일을 겪은 뒤에는 즐겁고 좋은 일이 생긴다는 말.

옛날 어느 마을에 착한 농부가 착한 아내와 행복하게 살고 있었습니다. 이들은 가난했지만 누구보다도 성실하고 금실이 좋았습니다.

부부는 열심히 무 농사를 지었고 어느덧 가을이 되어 무를 수확하게 되었습니다.

농부의 아내가 무를 뽑던 중이었습니다.

"어, 그런데 이 무는 왜 안 뽑히지요?"

꼼짝도 하지 않아서 온 마을 사람들이 다 함께 모여 무를 겨우 뽑았습니다.

놀랍게도 무의 크기는 송아지만 했습니다.

착한 농부는 엄청나게 큰 무를 사또에게 바쳤습니다. 자신의 밭에서 수확한 것이지만 모두가 함께 나누어야 될 특별한 무라고 생각했기 때문이지요.

"여봐라! 이 농부에게 상으로 줄 만한 것이 뭐 없겠느냐?"

"예, 사또. 얼마 전에 들어온 송아지가 있사옵니다."

"이 착한 농부에게 그 송아지를 상으로 내리도록 하여라."

사또는 기특하다며 얼마 전에 선물로 들어온, 무와 크기가 비슷한 송아지를 농부에게 내주었습니다.

착한 농부는 상으로 받은 송아지를 끌고 웃으며 집으로 돌아왔습니다.

〈우리나라 옛이야기〉 '무와 송아지'

　열심히 정직하게 살다 보면 생각지도 못한 행운을 만날 수 있어요. 하지만 쉽게 무언가를 얻으려고 잔꾀를 쓰면 가지고 있던 것도 다 잃을 수 있지요. 성실하게 노력하면 선물처럼 좋은 기회를 얻게 될 테니 고생스럽더라도 조금만 참고 자기가 맡은 것을 묵묵히 해 나가는 것이 중요합니다.

[비슷한 속담]
태산을 넘으면 평지를 본다
쥐구멍에도 볕들 날이 있다

꿩 먹고 알 먹기

한 가지 일을 해서 두 가지 이상의 이익을 얻는다는 뜻.

중국 춘추 시대 노나라에 변장자라는 무사가 있었습니다.

어느 날 여행을 하다가 한 여관에 묵었는데 그 마을 사람들은 호랑이 때문에 골치를 앓고 있었습니다.

"호랑이 두 마리 때문에 가축이 남아나질 않습니다. 게다가 죽은 사람도 여럿 됩니다요."

변장자는 사람이 죽었다는 말에 호랑이를 당장 잡기로 했습니다. 산속을 한참 뒤지고 있던 중 드디어 호랑이 두 마리를 발견했습니다.

두 호랑이는 소 한 마리를 사이에 두고 서로 다투고 있었습니다. 변장자가 칼을 빼어 들고 호랑이에게 덤벼들려고 하자 뒤따라온 여관 하인이 말렸습니다.

"지금 먹이를 놓고 싸우고 있으니 분명 힘센 놈이 약한 놈을 죽일 겁니다. 이긴 놈도 분명 싸우느라 힘도 다 빠지고 다치기도 했을 테니 그때 그놈을 죽이십시오. 그러면 두 마리를 한꺼번에 다 잡을 수 있지 않겠어요?"

잠시 후 하인의 말대로 호랑이 한 마리가 다른 호랑이를 물어 죽였습니다.

"때는 이때다!"

변장자는 잽싸게 달려 나가 지쳐서 헐떡거리는 호랑이를 단칼에 베어 버렸습니다.

<중국 옛이야기> '변장자와 호랑이'

　먹거리가 신통찮던 시대에 꿩을 잡는 날이면 부자가 부럽지 않았어요. 여기에 알까지 얻는다면 엄청난 횡재가 아닐 수 없지요. 게다가 변장자와 여관 하인처럼 지혜를 발휘한다면 더 큰 행운과 기회를 만들어 낼 수 있답니다.

[비슷한 속담]
도랑 치고 가재 잡는다
굿 보고 떡 먹기

죽은 나무 밑에 살 나무 난다

고생 가운데에서도 행운이 찾아오는 경우를 이르는 말.

장발장은 누이가 죽으면서 남기고 간 일곱 명의 조카를 돌봐야 했습니다. 조카들을 굶기지 않으려고 사방팔방 다니며 먹을 것을 구했지만 헛수고였습니다. 몰래 빵집에 들어가 빵 하나를 훔쳐 나왔지만 곧 잡히고 말았습니다.

"어린 조카들을 굶길 수 없어 빵을 훔쳤습니다. 용서해 주십시오."

장발장이 사정했지만 아무 소용이 없었습니다. 결국 장발장은 감옥에서 오랫동안 지내게 되었습니다. 그 후 감옥에서 나왔지만 장발장을 반기는 사람은 아무도 없었습니다.

장발장은 저 멀리 보이는 성당을 향해 지친 발걸음을 옮겼습니다. 다행히 신부님은 장발장을 따뜻이 맞아 주었고 은 촛대와 은 접시를 꺼내 맛있는 음식을 대접해 주었지요.

그다음 날 새벽, 장발장은 몰래 은 접시 하나를 옷 속에 숨겨 성당을 도망쳐 나왔습니다. 하지만 얼마 못 가 경찰관에서 붙잡히고 말았습니다.

"신부님! 이자가 신부님의 은 접시를 훔쳤습니다."

그러자 신부님은 고개를 절레절레 흔들며 말했습니다.

"그 은 접시는 내가 이 사람에게 선물로 준 것이오. 그런데 은 촛대는 왜 가져가지 않았소?"

신부님 덕분에 장발장은 감옥에 가지 않아도 되었습니다. 장발장은 신부님의 따뜻한 마음씨에 감동해 눈물을 흘렸습니다.

"다시는 나쁜 마음을 먹지 않겠습니다. 신부님처럼 다른 사람에게 베풀며 살

겠습니다."

그 후 장발장은 새로운 사람으로 태어났습니다. 이름을 마드레스로 바꾸고 열심히 일하여 시장까지 되었습니다. 그리고 그는 약속대로 주위에 있는 가난한 사람을 위해 기꺼이 일하고 성심으로 도와주었답니다.

〈세계명작〉 '장발장'

가난 때문에 죄를 짓는 사람도 있습니다. 그럴 때 어려운 사정을 이해하고 희망을 주면 그 사람은 바른 길로 들어서게 되지요. 희망은 꺼지는 등불 같았던 삶도 일으킬 수 있는 힘을 가지고 있습니다.

[비슷한 북한 속담]

일생에 한 번은 좋은 날이 있다
(어렵게 살아가던 사람도 일생에 한 번은 좋은 일이 생긴다는 뜻으로, 뜻밖의 행운은 누구에게나 있을 수 있음을 비유적으로 이르는 말.)

하늘이 무너져도 솟아날 구멍이 있다

몹시 어려운 경우에 처하더라도 헤쳐 나갈 길은 있다는 뜻.

가난한 농사꾼의 집에 한 아이가 살고 있었습니다.

글공부가 너무 하고 싶었던 아이는 틈틈이 서당에 가서 문틈으로 글을 배웠습니다.

그렇게 몇 년이 흘러, 친구들이 과거를 보러 한양으로 떠난다는 말을 듣고 가난한 아이는 길을 따라나섰습니다.

하지만 친구들은 아이를 따돌리기로 했습니다.

"이 가난뱅이야! 저기 기와집에 있는 커다란 배나무에서 배를 따 와. 그러면 너를 한양까지 데리고 갈 테니까."

아이가 벌벌 떨면서 배나무 위에 올라가자, 그 틈에 친구들은 모조리 도망을 가 버렸습니다. 그 모습을 본 아이는 서러움이 복받쳐 엉엉 울었습니다.

한편, 이 집에 살고 있는 정승은 커다란 용 한 마리가 배나무 위로 올라가는 꿈을 꾸었습니다. 정승은 꿈에서 깨자마자 얼른 배나무로 가 보았습니다. 그랬더니 한 아이가 배나무 위에서 울고 있는 게 아니겠어요?

그동안의 이야기를 다 들은 정승은 아이에게 한양 갈 돈을 주었습니다.

"대신 과거에 급제하면 내 딸과 혼인하여라."

가난한 아이는 무사히 시험을 치렀고 급제를 하였습니다. 아이를 버리고 간 친구들은 모조리 떨어졌지요.

아이는 약속대로 정승의 딸과 혼인을 하여 행복하게 잘 살았답니다.

〈우리나라 옛이야기〉 '가난한 아이의 과거 시험'

아무리 어려운 경우라도 끝까지 포기하지 않고 희망을 품고 있으면 뜻밖의 행운이 찾아올 수 있어요. 기회는 준비된 사람에게만 찾아오니까요. 그러니 항상 열심히 하는 태도를 가져야 하지요.

[비슷한 속담]

세 끼를 굶으면 쌀 가지고 오는 사람 있다
(사람이 굶어 죽게 되면 도와주는 사람이 생기게 마련이라는 뜻.)

사람이 죽으라는 법은 없다
죽을 수가 닥치면 살 수가 생긴다

호박이 넝쿨째로 굴러떨어졌다

뜻밖에 좋은 물건을 얻거나 좋은 수가 생겼을 때 하는 말.

부모 형제 없이 혼자 외롭게 사는 총각이 있었습니다.

"나는 왜 이리도 복이 없을까? 서천 서역국 신선에게 물어보자."

가는 도중 총각은 혼자 사는 아리따운 처녀를 만났습니다.

"가족들이 모두 병들어 죽었어요. 내가 왜 이렇게 불행한지 서천 서역국에 가면 꼭 물어봐 주세요."

또 길을 가는데 울고 있는 할아버지를 만났습니다.

"정성껏 물을 주고 가꾸었는데도 내 나무는 30년 동안 꽃이 피지 않았다네. 서천 서역국에 가면 그 이유를 꼭 물어봐 주게나."

다시 길을 떠나 강을 건너는데 이번엔 이무기를 만났습니다.

"나는 삼천 년을 살았는데도 아직까지도 용이 되지 못했어. 그 이유가 뭔지 꼭 물어봐 다오."

드디어 서천 서역국에 도착한 총각은 신선에게 알고 싶은 것을 모두 물어보았습니다.

"그 이무기는 여의주를 두 개 가지고 있으니 하나를 버리라고 해라. 꽃이 피지 않는 이유는 나무 밑에 황금이 묻혀 있어서 그렇고, 처녀는 맨 처음 만난 남자와 혼인을 하면 행복해질 수 있다네."

"그렇다면 저는 왜 복이 없는 걸까요?"

"그저 열심히 살면 복을 받게 될 것이다."

총각은 왔던 길을 되돌아가 이무기에게 여의주를 버리라고 했습니다. 그 말대로 하자 이무기는 순식간에 용이 되었습니다.

"고마워. 강을 건너 줄 테니 내 등에 타렴."

강을 건너 할아버지를 만난 총각은 나무 밑을 파 보았습니다. 묻혀 있던 황금을 캐내자 나무에서는 금세 아름다운 꽃이 피어났습니다.

"난 꽃만 있으면 되니까 황금은 자네가 가지게."

총각은 다시 혼자 사는 처녀네 집으로 가 신선에게 들은 해결책을 말해 주었습니다.

"혼자 된 이후에 맨 처음 만난 남자는 바로 당신이에요!"

총각은 처녀와 결혼하였고, 오래오래 행복하게 살았답니다.

〈우리나라 옛이야기〉 '복 타러 간 총각'

뜻밖의 행운이란 것도 결국은 내가 적극적으로 찾아 나섰기 때문에 뒤따른 결과입니다. 자신의 문제에 대한 원인을 잘 알고 해결하기 위해 노력한다면 다양한 방법들이 생기고 더불어 기회와 행운도 따라옵니다.

[비슷한 북한 속담]
하늘에서 떨어진 복
(뜻밖의 횡재나 행운을 이르는 말.)

황소 뒷걸음치다 쥐 잡는다

어쩌다 우연히 알아맞히거나 일을 이루는 경우를
비유적으로 이르는 말.

밭에서 일을 하던 농부가 있었습니다. 농부는 멍에*를 씌운 소를 끌고 열심히 밭을 갈았습니다.

잠시 후 농부는 멍에를 풀고 소를 시냇가로 데리고 갔습니다. 그런데 그 사이에 먹을 것을 찾아 헤매고 있던 늑대 한 마리가 나타났습니다.

굶주린 늑대는 소가 풀어 놓은 멍에를 발견했습니다.

"이게 도대체 뭐지? 혹시 먹을 게 있을지 모르니 살펴보자."

늑대는 입맛을 다시면서 멍에의 안쪽 가죽을 핥다가 머리를 조금씩 집어넣었습니다. 그러다가 그만 멍에의 가죽에 머리가 끼고 말았습니다.

늑대가 몸을 흔들 때마다 멍에는 늑대의 목을 더욱 세게 조였습니다. 멍에에서 목을 빼낼 수 없게 된 늑대는 무거운 멍에를 질질 끌고 다닐 수밖에 없었습니다.

시간이 지나 시냇가에 갔던 농부가 소를 끌고 돌아왔습니다.

"만날 우리 가축들을 도둑질하더니 밭에서 꼼짝없이 일하는 모습을 보니 정말 통쾌하군."

농부는 뜻하지 않게 골칫거리였던 늑대를 잡아서 횡재한 기분이 들었습니다.

늑대는 멍에를 쓴 채 농부의 손에 이끌려 하루 종일 쟁기를 갈았답니다.

『이솝우화』 '농부와 늑대'

*멍에: 동물의 머리나 목에 얹어 짐을 끌도록 하는 나무 막대 또는 나무틀.

　별다른 노력 없이 다가온 행운으로 농부에게 최대 고민이었던 일이 쉽게 해결되었습니다. 특별히 기대하지 않았는데 뭔가를 얻었을 때 '황소 뒷걸음치다 쥐 잡는 격'이라고 쓴답니다.

[비슷한 속담]
소 발에 쥐 잡기
황소 뒷걸음에 잡힌 개구리

부록

 비슷한 속담을 〈보기〉에서 찾아 괄호 안에 넣어 보세요.

• 고생 끝에 낙이 온다 (　　)

• 꿩 먹고 알 먹기 (　　)

• 하늘이 무너져도 솟아날 구멍이 있다 (　　)

• 호박이 넝쿨째로 굴러떨어졌다 (　　)

> **보기**
>
> ㉠ 도랑 치고 가재 잡는다
> ㉡ 하늘에서 떨어진 복
> ㉢ 쥐구멍에도 볕들 날이 있다
> ㉣ 죽을 수가 닥치면 살 수가 생긴다

 속담을 넣어 짧은 글을 지어 보세요.

• 꿩 먹고 알 먹기

예 독서를 통해 읽기 및 쓰기 능력을 향상시키고 상식도 쌓을 수 있으니 **꿩 먹고 알 먹기**이다.

 도전!
_____

• 황소 뒷걸음치다 쥐 잡는다

예 인수는 **황소 뒷걸음치다가 쥐 잡는** 격으로 운 좋게 정답을 찍어 좋은 점수를 받았다.

 도전!
_____